Die andere Ich AG

Dr. Nicolette Strauss ist seit zehn Jahren in der Kommunikationsbranche tätig. Als Vorstandsmitglied der auf Wirtschafts- und Finanzkommunikation spezialisierten equinet Communications AG (www.equinet-ag.de) berät sie Unternehmen, Organisationen und Personen in allen Fragen der Öffentlichkeitsarbeit. Zuvor war die gelernte Journalistin Pressesprecherin in der Industrie und Leiterin des Wirtschaftsressorts der Nachrichtenagentur Associated Press (AP) in Deutschland.

Nicolette Strauss

Die andere Ich AG

Führen Sie sich selbst wie ein erfolgreiches Unternehmen!

Campus Verlag
Frankfurt/New York

Die Ich AG® ist eine eingetragene Wortmarke der Autorin
(Urkunde Nr. 300 78 521 der Bundesrepublik Deutschland).

Bibliografische Information der Deutschen Bibliothek

Die Deutsche Bibliothek verzeichnet diese Publikation in der
Deutschen Nationalbibliografie. Detaillierte bibliografische Daten sind
im Internet über http://dnb.ddb.de abrufbar.
ISBN 3-593-37224-X

Umschlaggestaltung: Guido Klütsch, Köln
Satz: TypoForum GmbH, Seelbach
Druck und Bindung: Druckhaus Beltz, Hemsbach
Gedruckt auf säurefreiem und chlorfrei gebleichtem Papier.
Printed in Germany

Inhalt

»Der Mensch kann nicht in einer Abteilung
seines Lebens Gutes tun, während er gleichzeitig
in einer anderen Schlechtes tut.
Das Leben ist ein unteilbares Ganzes.«

Mahatma Gandhi

Vorwort:
Unser Land braucht viele »Ich AGs«

Vom Hoffnungsträger zum Prügelknaben. Was für eine Karriere – und wie typisch deutsch! Kaum ein anderer Begriff hat in den vergangenen Monaten eine solch rasante und unaufhörlich von den Medien kommentierte Achterbahnfahrt hinter sich gebracht wie »Die Ich AG«.

Zunächst nur unter Soziologen und Trendforschern bekannt, richten sich 2002 plötzlich die Scheinwerfer auf diese drei an sich harmlosen Wörter. VW-Personalvorstand Peter Hartz machte sie zu einem Pfeiler seiner Reform des verkrusteten Arbeitsmarkts. Die im Kern richtige Idee: Lieber mit staatlicher Unterstützung in die Selbstständigkeit starten als länger arbeitslos sein. Und bei Erfolg können die neuen Mini-Firmen in ein paar Jahren vielleicht sogar weitere Leute einstellen.

Das ist zwar nur ein Teilaspekt der vollen Tragweite der »Ich AG«. Er brachte den Begriff aber quasi über Nacht in alle Munde – für die einen als griffiges Symbol einer überfälligen Veränderung unserer verbandsbeherrschten und überregulierten Bundesrepublik zu mehr Mündigkeit des Einzelnen, für die anderen als Menetekel einer Ego-Gesellschaft der sozialen Kälte. Der Kritikerfraktion neigen offenbar auch Sprachexperten um den Germanistik-Professor Horst Dieter Schlosser zu, die »Die Ich AG« zum Unwort des Jahres 2002 kürten, weil sie eine »Herabstufung von menschlichen Schicksalen auf ein sprachliches Börsenniveau« sehen.

Bedenkenträger bremsen

Und schon sind wir wieder mittendrin in dieser unerbittlichen Schwarz-Weiß-Debatte, die das Schicksal eines jeden Vorschlags zu sein scheint, mit dem Deutschland entrümpelt und modernisiert werden soll. Kaum jemand, der im Streit um »Die Ich AG« nicht Position bezieht – die meisten in Abwehr: Politiker, Gewerkschaften, Kirchen, soziale Gruppen – sie alle texten in der uns typischen Lust an Bedenkenträgerei und Pessimismus die weit über die Hartzsche Verwendung hinausreichende Idee der »Ich AG« so zu, dass ein seriöser gesellschaftlicher Diskurs erst gar nicht entstehen kann. »German Angst« nennt man im Ausland diese Methode, Veränderungen oder bloß das Nachdenken darüber im Keime ersticken zu wollen.

Die Warner wettern gegen die vermeinliche Degradierung des Menschen zu einer puren ökonomischen Größe. Diese Polemik verhindert eine sachliche Debatte. Stattdessen halten wir lieber an unserem zwar vordergründig solidarischen, im Kern aber unsozialen, weil Arbeit verteuernden und Menschen bevormundenden Sozialsystem fest. Doch es ist nicht mehr länger zu leugnen, dass drastische Reformen im Rahmen der sozialen Marktwirtschaft zwingend und dringend sind und die Jahre des »Weiter so, Deutschland!« am Ende verlorene Jahre sind.

Eine schrumpfende und alternde Bevölkerung, leere Staats- und Sozialkassen, ein wuchernder Bürokratiedschungel, hohe Sockelarbeitslosigkeit und zu wenig Bereitschaft der jungen Generation, den elterlichen Betrieb zu übernehmen oder eine eigene Firma zu gründen – all das lässt uns keine andere Wahl: Wir müssen das Verhältnis zwischen Staat, Bürgern und Interessengruppen neu definieren.

Der zupackende, mündige Bürger ist gefragt

Jammern und politische Machtspielchen bringen uns diesem Ziel nicht näher. Im Gegenteil: Politiker, aber auch Manager sind dazu verpflichtet, Konzepte und Ideen zu entwickeln, wie Deutschland und Europa nach vorne kommen können. Dabei sind Eigeninitiative, Vertrauen in unsere Fähigkeiten und Optimismus gefragt. Für den Bereich des Individuums hat die Frankfurter Journalistin und Unternehmensberaterin Nicolette Strauss nun ein solches Konzept auf den Tisch gelegt – jenseits der geschilderten Schwarz-Weiß-Debatte: »Die andere Ich AG« als umfassende Methode zum persönlichen Lebens-, Karriere-, Finanz- und Zeitmanagement. Im Fokus steht der zupackende, mündige, lebensfrohe, mit Werten ausgestattete Bürger, der seine angeborenen und erlernten Fähigkeiten zur Umsetzung seiner Lebensvision beziehungsweise seiner persönlichen Ziele beherzt einsetzt. Das trägt natürlich idealtypische Züge, denn wir alle sind auch einmal von Mut- und Kraftlosigkeit ergriffen, verlieren in bestimmten Situationen die Orientierung, müssen Pannen und Niederlagen verkraften oder sogar mit Schicksalsschlägen und Ungerechtigkeit fertig werden. Dennoch ist der Appell dieses Buches an die Leser goldrichtig und auch von großer gesellschaftspolitischer Bedeutung: Jeder von uns sollte versuchen, sein Leben weitgehend »im Griff« zu haben, mit dem oder den gewählten Beruf/en oder Tätigkeiten/en erfolgreich zu sein, Verantwortung für Ziele, Entscheidungen und Niederlagen zu übernehmen. Das heißt nichts anderes, als sich generell um eine positive Lebenseinstellung zu bemühen.

Mach was aus deinen Stärken

Anders gesagt: Der »kleine Mann« kann von »denen da oben« nicht Dynamik und Power erwarten, wenn er selbst verzagt ist, eine Anspruchshaltung à la »Der Staat wird's schon richten.« pflegt oder faule Ausreden im Stile von »Was kann ich als Einzelner denn schon ausrichten?« sucht. Das Gleiche gilt übrigens für Unternehmen und ihre Manager. Und es gilt für Verbandsvertreter und Interessengruppen, die unser Land so fest im Würgegriff haben.

Obwohl das vorliegende Buch an das Individuum gerichtet ist, können viele seiner Botschaften auch auf Wirtschaft und Gesellschaft angewendet werden. Vor allem eine: Mach was aus deinen Stärken, sei initiativ und fordere nicht wie selbstverständlich, dass andere dir helfen. Wie hilfreich wäre eine solche Haltung, wenn einmal wieder über den Abbau von Subventionen und Vergünstigungen und die Stärkung der Eigenverantwortung in Deutschland gesprochen wird.

In diesem Sinne wünsche ich unserem Land viele aktive »Ich AGs«.

Dr.-Ing. Wendelin Wiedeking,
Vorsitzender des Vorstandes der
Dr. Ing. h.c. F. Porsche AG

Stuttgart, im August 2003

1
Die andere Ich AG: Erfolgreich und erfüllt als Manager in eigener Sache

Wenn heute Außerirdische zu uns auf die Erde kämen, würde ihnen vermutlich ganz besonders auffallen, was für uns schon beinahe selbstverständlich und daher kaum noch erwähnenswert ist: Wir leben in der westlichen Welt in extremer individueller Freiheit. Egal ob in Frankfurt, in New York oder in Sydney, unsere Situation ist historisch einmalig:

Wir können jederzeit reisen und unseren Wohnort fast rund um den Globus frei wählen. Unabhängig von Herkunft, Religion, Hautfarbe und Geschlecht haben wir die Möglichkeit, jeden Beruf zu ergreifen, der unseren Talenten und Neigungen entspricht. Wir können sexuell freizügig leben – mit dem oder den Partner/n, die uns gefallen.

Wir dürfen unverblümt unsere politische Meinung äußern, unabhängige Medien nutzen, wählen, demonstrieren und selbst in der Politik mitwirken. Wir haben Zugang zu einer unbegrenzten Konsumwelt, können aber ebenso gut auch bewusst auf bestimmte Produkte verzichten und für eine nachhaltige Wirtschaft eintreten.

Die große individuelle Freiheit trägt zu einer starken Betonung des eigenen Selbst bei. Leben wir also in einer perfekten »Ich-Gesellschaft«, in der jedes Individuum seinen Wünschen nachgehen kann? Für Menschen aus Diktaturen, Kriegs- und Hungergebieten könnte es tatsächlich wie das Paradies auf Erden aussehen. Und Hunderttausende versuchen ja auch alljährlich, in die reicheren Länder einzuwandern. Doch unsere moderne Gesellschaft mit all ihren Chancen hält auch einige Herausforderungen parat:

- Wir müssen immer mehr leisten und anpassungsfähiger werden, um unseren Wohlstand zu sichern. Lebenslange Jobs am selben Ort sind in Zeiten von Globalisierung und Firmenfusionen nicht mehr selbstverständlich.
- Wir können uns nicht mehr auf dem Sicherheitskissen eines einmal erlernten Berufs ausruhen. Ständige Weiterbildung, Mobilität und hoher Einsatz sind gefragt, um langfristig am Arbeitsmarkt Erfolg zu haben.
- Wir stoßen an die Grenzen unserer Sozialsysteme. Vor allem Jüngere müssen im Vergleich zu früheren Generationen Risiken wie beispielsweise Krankheit oder Arbeitslosigkeit sehr viel stärker privat absichern und für die Rente vorsorgen.
- Wir haben kein verbindliches Werte- und Orientierungssystem mehr. Manche verschreiben sich ganz Konsum und »Fun«; andere suchen nur ihren Vorteil und geben nicht viel auf Anstand und Fairness. Und immer mehr Menschen suchen Halt in einer unüberschaubaren Vielzahl von Heilslehren.
- Wir erleben den Zerfall von Bindungen. Jede dritte Ehe wird geschieden, die Zahl der Singlehaushalte wächst, Kinder gelten als Armutsrisiko, ältere Menschen leben in Heimen. Die »Ich-Gesellschaft« sitzt auf einem gehörigen Liebesdefizit.

In diesem Spannungsfeld zwischen Chancen und Risiken steht dieses Buch. Es ist weder eine Anleitung zum Egotrip noch ein Plädoyer für den Menschen als entseelte Profitmaschine. Die nachfolgenden circa 230 Seiten sind das Ergebnis meiner persönlichen, rund zehn Jahre langen Suche. Ich habe ein Lebensmodell entwickelt, das Raum für die vielseitigen Facetten der menschlichen Persönlichkeit lässt und zugleich den in unserer Gesellschaft so wichtigen äußeren Erfolg ermöglicht.

Während der ersten Berufsjahre legte ich hauptsächlich Wert auf Leistung, Funktionieren in der Rolle der Nachwuchsführungskraft und die typischen Insignien aufkeimender Macht (Titel, Gehalt,

Dienstwagen, Einzelbüro, »wichtige« Freunde, Einladungen zu interessanten Events in der Stadt). Bei allem äußeren Erfolg – mit 26 Jahren promoviert, mit 28 Ressortleiterin, mit 30 Pressesprecherin eines großen Konzerns – fehlte der innere Reichtum, die eigene Mitte. Heute weiß ich, dass fehlende Balance dafür verantwortlich war. Jahrelang hatte ich zugunsten des Stereotyps der jungen Aufsteigerin eine ganzheitliche Vision meines Lebens vernachlässigt; auch meine Gesundheit und mein Privatleben hatte ich in den Dienst der Karriere gestellt. Doch niemand kann auf Dauer ein offizielles und ein ganz anderes privates Ich haben und dabei auch noch gesund bleiben. Irgendwann meldet sich der Körper mit Alarmsignalen und der Geist sendet während der nächtlichen Träume »SOS«. So machte ich mich auf die Suche nach den verschütteten Aspekten meiner Ich AG: Ich begann Grenzen zu ziehen beim zeitlichen Engagement für die Karriere und entdeckte in meinem Privatleben einige Hobbys wieder: meine Liebe zu Museen und klassischen Konzerten und das Bedürfnis, regelmäßig Sport zu treiben. Ich wechselte den Arbeitgeber, weil ich gewisse Härten im Geschäftsleben nicht länger akzeptieren und darunter leiden wollte.

Heute versuche ich trotz des nach wie vor großen beruflichen Engagements mein Familienleben zu genießen und einen Freundeskreis aufrechtzuerhalten, der sich nicht ausschließlich aus Geschäftskontakten zusammensetzt. Ich kann heute Fehler und Schwächen zugeben – und wundere mich auch nicht mehr darüber, dass das selten den befürchteten Tadel, sondern eher Sympathie einbringt. Und ich arbeite ständig daran, meine innere Mitte zu finden. Dadurch werde ich Tag für Tag ein wenig unabhängiger von Erfolg, Einkommen, Lob, Prestige und Macht. Dieser Prozess ist langsam und manchmal mühsam, aber es geht voran – frei nach dem Motto: steter Tropfen höhlt den Stein.

Beim Lesen dieses Buches werden Sie immer wieder auf Übersichten, Fragelisten, Übungen und Tabellen stoßen, die Ihnen Sinn, Vorgehensweise, Aufbau und Struktur Ihrer Ich AG verdeutlichen. Legen Sie sich am besten gleich einen Block und Stift zur Seite, um für die verschiedenen Übungen gewappnet zu sein. Sie können sich diese Checklisten auch gerne im Internet herunterladen unter der Webadresse www.die-ich.ag.

Der Lesefreundlichkeit willen wurde darauf verzichtet, jeweils männliche und weibliche Formen zu verwenden. Seien Sie versichert, dass ich Leserinnen genauso ansprechen möchte wie Leser; dazu dient auch eine Rubrik speziell für Frauen, die die Ich AG aus der Frauenperspektive heraus betrachtet.

Beginnen können Sie gleich mit der Beantwortung folgender Fragen (wenn Sie mindestens vier der nachstehenden Fragen mit Ja beantworten können, wird Ihnen das Modell der Ich AG wertvolle Dienste leisten auf Ihrem Weg zu mehr persönlichen Glück und Erfolg):

1. Haben Sie das Gefühl, einigen Aspekten Ihres Lebens zu viel und anderen zu wenig Raum und Bedeutung zu geben?

   ....

2. Spüren Sie, dass viel mehr oder etwas anderes in Ihnen steckt, als Sie bisher nach außen gezeigt haben?

   ....

3. Leiden Sie unter einer Spaltung zwischen Ihrem offiziellen und Ihrem privaten Ich? Spielen Sie oft eine Rolle?

   ....

4. Hetzen Sie meist nur reagierend durch die Alltagshektik, statt einmal aktiv und strukturiert an die Probleme und Verbesserungspotenziale in Ihrem Leben heranzugehen?

   ....

5. Wollten Sie schon immer einmal gründlich über Ihr Leben und seine zukünftige Gestaltung nachdenken?

   ....

6. Sind Sie bereit, auch nach Jahrzehnten die ausgetretenen Pfade zu verlassen und etwas Neues zu versuchen?

   ....

7. Sind Sie der Überzeugung, dass im Leben alles mit allem zusammenhängt, man also nicht nur die Symptome kurieren muss, sondern die Ursachen?

   ....

8. Ist Ihnen die Terminologie und Gedankenwelt des Geschäftslebens vertrauter als religiöse, philosophische oder spirituelle Weltanschauungen?

   ....

9. Sind Sie ehrlich unbescheiden und sagen: Ich will alles – Erfolg, Familie, Freunde, inneren Frieden und Gesundheit?

   ....

10. Möchten Sie endlich einmal ein ganzheitliches Lebensmodell kennen lernen?

   ....

Die Ich AG: Eine Welt von Egoisten?

Die »Ich-Gesellschaft« ist mächtig in Verruf geraten. Pessimisten sehen uns schon als Welt kalter, erfolgsfixierter Roboter ohne soziale Verantwortung und menschliche Nähe. Als Schuldigen machen sie hauptsächlich die Wirtschaft mit ihrem weltumspannenden Finanzmarkt aus. Die Kritik: Moderne Unternehmen bräuchten eben nur jung-dynamische Mitarbeiter, »Söldner« auf der rastlosen Suche nach dem höchsten Einkommen und der besten Geschäftschance, die zugleich kaufkräftige Konsumenten ohne Skrupel vor sozialer

Ausbeutung und Umweltzerstörung in anderen Teilen der Welt sind. Demgegenüber stehen die, die an Eigenverantwortung und Bürgersinn appellieren: Wenn der Staat zu schwach ist, in den öffentlichen Kassen tiefe Löcher klaffen, Politiker keine Leit- und Integrationsfiguren mehr darstellen, Kirche, Parteien, Gewerkschaften und andere Interessenverbände unter Mitgliederschwund leiden, und die Wirtschaft in einem immer stärkeren globalen Wettbewerb steht, dann muss der Einzelne mehr Verantwortung übernehmen – so ihr Credo.

Im vergangenen Jahr gipfelte diese Diskussion im Schlagwort der Ich AG, das es erst bis auf die Liste der »Wörter des Jahres 2002« schaffte und dann von einer anderen Jury sogar zum »Unwort des Jahres« gewählt wurde. Der Auslöser: Volkswagen-Personalvorstand Peter Hartz hatte im Auftrag der Bundesregierung ein Konzept für die Modernisierung des deutschen Arbeitsmarktes erstellt und unter der entliehenen Überschrift »Ich AG« Vorschläge gemacht, wie der Staat Arbeitslosen den Sprung in die Selbstständigkeit erleichtern kann.

Diese sehr enge Auslegung des Gedankens der Ich AG führte zu einer teils hysterisch geführten öffentlichen Debatte, die der guten Sache von mehr Eigenverantwortung und Bürgersinn ganz und gar nicht diente. Die Ich AG wurde verunglimpft – als Wegbereiter einer Welt, in der gut ausgebildete, motivierte und erfolgreiche Menschen zu Karrieristen, Einzelkämpfern und Egoisten würden, während der Rest sich wohl oder übel als »Unternehmer in eigener Sache« ohne Schutz und soziale Absicherung ausbeuten lassen müsse und dennoch nur knapp über dem Existenzminimum verdiene. Unser früherer Arbeits- und Sozialminister Norbert Blüm warnte gar, die Ich AG verstoße gegen die Menschenwürde, weil der Wert des Menschen nur noch von seiner wirtschaftlichen Verwertbarkeit abhänge. Ähnlich argumentieren die sechs Sprachwissenschaftler, die seit 1991 alljährlich das »Unwort des Jahres« bestimmen und für 2002 die Ich AG auf dem Kieker hatten. So recht die Jury rein sprachwissenschaftlich haben mag (ein »Ich« kann juristisch gesehen keine »AG«, also ein auf Aktienkapital basierendes Unternehmen sein), so sehr missverstand oder ignorierte das Wissenschaftlergremium den tieferen Sinn hinter der Debatte um die Ich AG. In diesem Buch lernen Sie die andere Ich AG kennen.

Mit meinem Konzept der Ich AG übernehmen Sie die Verantwortung für alle Facetten Ihres Lebens. Und das soll reich, erfüllt, erfolgreich und lebenswert sein. Dabei möchte ich Sie nicht auf den Egotrip führen – im Gegenteil: Auch wenn es in unserer modernen Welt immer rauer zugeht, so können wir doch als Welt von Einzelkämpfern nicht überleben. Die Zukunft gehört vielmehr lebensbejahenden, engagierten, verantwortungsbewussten und in Werten verankerten Menschen, die beherzt ihr persönliches Glück suchen. Je mehr es davon gibt, desto reicher und leistungsfähiger (materiell und ideell) wird unsere Gesellschaft – und desto mehr Spielräume gibt es für Hilfsbereitschaft untereinander, Förderung von Kultur und Wissenschaft, Entwicklungshilfe und Friedenspolitik. Wir brauchen keine Bedenkenträger, wir brauchen viele Millionen positiver und lebensfroher Ich AGs. Dabei kann uns das Vorbild der Wirtschaft beziehungsweise die klassische Unternehmensführung helfen.

Wirtschafts AG und Ich AG

Ein Wirtschaftsunternehmen ist ein ausgeklügelter Organismus. Zwischen den einzelnen Personen auf verschiedenen Hierarchieebenen und den unterschiedlichen Abteilungen eines Unternehmens herrscht sowohl Kooperation als auch Kontrolle (siehe Abbildung 1).

An der Spitze steht der Vorstandsvorsitzende, der das Unternehmen nach außen repräsentiert und – ähnlich wie der Bundeskanzler in der Politik – für die Richtlinien der Firmenstrategie zuständig ist. Typische übergeordnete Überlegungen eines Vorstandsvorsitzenden sind: Wohin soll die Firma gesteuert werden? Wie erreichen wir, dass unsere Wettbewerbsposition und damit auch die Arbeitsplätze lang-

Abbildung 1: Die Wirtschafts AG

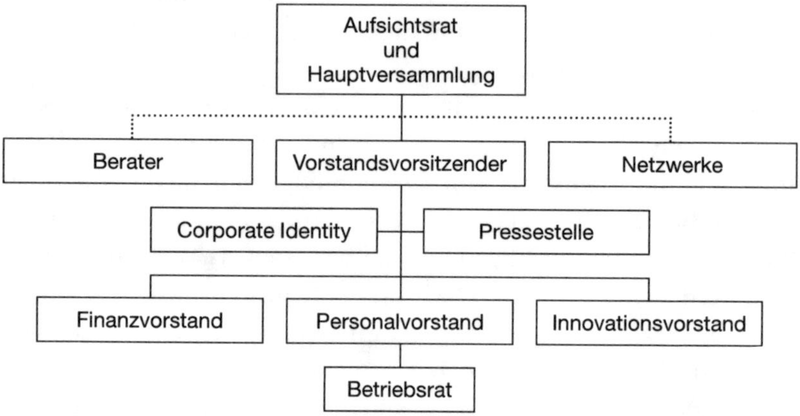

fristig gesichert sind? Ist das notwendige Rüstzeug vorhanden, oder müssen wir an einigen Stellen besser werden? Mit welchen konkreten Maßnahmen erreichen wir unsere Ziele?

Kontrolliert wird der Vorstandsvorsitzende von Aufsichtsrat und Hauptversammlung. Der Aufsichtsrat lässt sich zwei- bis viermal, die Hauptversammlung der Aktionäre einmal jährlich Rechenschaft über das Erreichte geben. Beide Gremien verlangen Erklärungen für Fehlentwicklungen, und der Vorstand muss sie von seinen Zukunftsplänen überzeugen. Große Veränderungen im Unternehmen sind nur mit Zustimmung von Aufsichtsrat und Hauptversammlung machbar.

Eng verknüpft mit den großen Linien der Firmenstrategie sind die Aufgaben von Corporate Identity und Pressestelle (Public Relations) eines Unternehmens. Im Regelfall ist der Vorstandsvorsitzende für diese beiden Bereiche verantwortlich. Die Corporate Identity stellt den Charakter einer Firma dar – sie ist die Summe aus innerbetrieblichem Klima, Selbstverständnis, wirtschaftsethischen Überzeugungen und äußeren Erscheinungsformen (Corporate Design). Public Relations sorgen für eine positive Außendarstellung des Unternehmens in Medien und Öffentlichkeit.

Auf der Fachebene haben Unternehmen unterschiedlich viele

Vorstände. In der Regel gibt es einen Finanzvorstand, der die Einnahmen und Ausgaben des Unternehmens überwacht. Der Innovationsvorstand ist für das Know-how zuständig, also beispielsweise für die Entwicklung neuer Produkte, für Erfindungen und Patente. Der Personalvorstand ist verantwortlich für eine der Unternehmensgröße angemessene Mitarbeiterzahl und für die Weiterentwicklung des Personals.

Für einen Ausgleich zwischen Firmen- und Arbeitnehmerinteressen sorgt der Betriebsrat.

Je größer und finanzkräftiger das Unternehmen, desto häufiger werden vor wichtigen Entscheidungen oder bei gravierenden Problemen externe Unternehmensberater hinzugezogen. Diese steuern ihr Know-how bei, zum Beispiel bei der Erschließung neuer Märkte, der Übernahme eines Wettbewerbers oder bei notwendigen Umstrukturierungen.

Der Verstärkung des politischen Einflusses von Unternehmen dient die Mitgliedschaft in Verbänden (zum Beispiel Bundesverband der Deutschen Industrie, Arbeitgeberverband Gesamtmetall) oder Industrie- und Handelskammern (IHKs). Eine gute Gelegenheit zum Meinungsaustausch, zur Kontaktpflege oder auch zum Aufbau neuer Kontakte bieten gesellschaftliche Vereinigungen wie die Rotary oder Lions Clubs.

Dieses in allen Industrieländern ähnliche System der Wirtschafts AG hat sich über Jahrzehnte hinweg bewährt und ist trotz der jüngsten Skandale um Bilanzfälschungen, Megapleiten und Börsenkrise in sich stimmig. Die Wirtschafts AG funktioniert deshalb so erfolgreich, weil sie auf gegenseitigem Vertrauen, aber auch auf gegenseitiger Überwachung und Kontrolle basiert. Ohne Unternehmen und Unternehmer wäre unser Lebensstandard in der Vergangenheit nicht so stark gestiegen. Warum sollte das Erfolgsmodell einer Wirtschafts AG nicht auch auf den persönlichen Bereich übertragbar sein?

Welche Bereiche Sie mit Ihrer Ich AG optimieren können, sehen Sie in nachstehender Aufzählung:

- Sie können sich als Einheit, als Persönlichkeit begreifen,
- Sie erfahren mehr über Ihre wahren Lebens- und Karriereziele und lernen, diese auch konsequent anzugehen,
- Sie entdecken, wie Sie Ihre Zeit und Kraft in Beruf und Privatleben sinnvoll und erfüllend einsetzen,
- Sie entwickeln sich zu einer unverwechselbaren Person, die authentisch und in sich ruhend wirkt,
- Sie sprechen selbstbewusst und sympathisch über Ihre Stärken und über Ihre Schwächen und können dabei auch schmunzeln,
- Sie planen Ihre Finanzen so, dass Platz zum Leben bleibt,
- Sie lernen all das mit Spaß, was Ihnen Erfolg bringt,
- Sie leben in Harmonie mit Körper und Geist,
- Sie erfahren Halt und Schub durch Netzwerke,
- Sie begreifen Ihre Freunde und Familie als unverzichtbaren Teil Ihres Lebens,
- Sie überwinden die Scheu, sich helfen zu lassen.

Zur Erreichung dieser Ziele hilft Ihnen die Orientierung am Aufbau eines Unternehmens. Die Abteilungen der Wirtschafts AG können entsprechend auf die Ich AG übertragen werden; die unterschiedlichen Bereiche der Ich AG sind Gegenstand der einzelnen Kapitel dieses Buches (siehe Abbildung 2).

Der Vorstandsvorsitzende (persönlicher Lebensentwurf) sorgt als höchste strategische Instanz der Ich AG für Entwicklung und Umsetzung der eigenen Lebens- und Karrierevision, die persönliche Unabhängigkeit sowie das Ressourcen- und Zeitmanagement.

Die Corporate Identity (Marke »Ich«) fördert Karriere und Markenbildung der Ich AG durch Sprache, Kleidung und die ganz persönliche Note.

Die Pressestelle (Eigen-PR) entwickelt und steuert die Selbstdarstellung der Ich AG. Denn nur wer Gutes tut und auch darüber

Abbildung 2: Die Ich AG

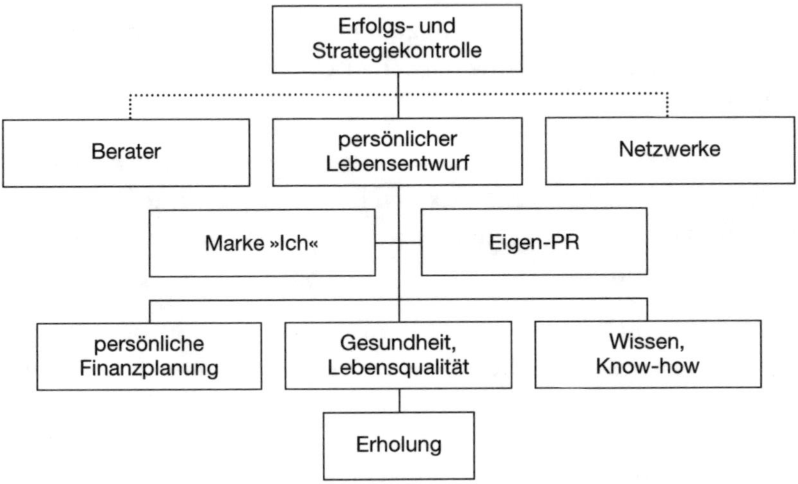

redet, wird im Beruf, von Freunden, Geschäftspartnern und der Familie anerkannt.

Der Finanzvorstand (persönliche Finanzplanung) sorgt für solide Finanzen der Ich AG. Er steuert Einnahmen und Ausgaben (beispielsweise auch, ob Sie Ihrer Leistung entsprechend verdienen). Diese Finanzplanung ist an die Lebenssituation angepasst und sorgt dafür, dass man beim Aufstieg nicht in die Kostenfalle tappt.

Der Innovationsvorstand (Wissen, Know-how) treibt die Modernisierung der Ich AG voran. Auch der Ich-Unternehmer muss lebenslang lernen, um immer die vom Markt gefragten Qualifikationen bieten zu können – dazu gehört neben Fachwissen auch emotionale Intelligenz.

Der Personalvorstand und der Betriebsrat (Gesundheit, Lebensqualität, Erholung) kümmern sich um das wertvollste Gut der Ich AG – den Körper. Seine Signale müssen richtig gedeutet, seine Bedürfnisse befriedigt werden (zum Beispiel: Bewegung, Schlaf, Stressabbau, gesunde Ernährung).

Aufsichtsrat und Hauptversammlung (Erfolgs- und Strategiekontrolle) wachen über die Umsetzung der persönlichen Ziele. Die Ich AG sollte regelmäßig vor einem zum persönlichen Coach ernannten Freund, dem Lebenspartner oder einer Unterstützergruppe Rechenschaft ablegen.

Die Netzwerke verbinden Ich-Unternehmer zu einem ganz persönlichen Beziehungsgeflecht. Das sind lohnende Kontakte für die Karriere und ein privater Freundeskreis sowie die Familie, die emotionalen Halt gibt.

Die Berater helfen der Ich AG in anspruchsvollen Situationen und bei strategischen Entscheidungen. Orientierung und Hilfe bieten Coaches, Psychologen oder Selbsthilfegruppen.

In den nachfolgenden Kapiteln lernen Sie die unterschiedlichen Organe Ihrer Ich AG ausführlich kennen.

2
Der Vorstandsvorsitzende: Setzen Sie Ihren persönlichen Lebensentwurf um

Die Person an der Spitze eines Unternehmens ist von herausragender Bedeutung für den Erfolg. Das war spätestens seit dem ausgehenden Mittelalter so: Während die Gehilfen berühmter Malerwerkstätten große Teile der Gemälde fertigten, gab der Meister seinen guten Namen als Marke her und sorgte für Beziehungen zu zahlungskräftigen Käufern. Die industrielle Neuzeit machte Unternehmerpersönlichkeiten wie Rockefeller, Krupp und Porsche groß, die ihre Imperien im Stile eines Patriarchen führten. Und auch heute stehen trotz harter Kritik an Managern und Millionengehältern Firmenbosse als Symbol für ganze Konzerne: Bill Gates ist Microsoft; das Unternehmen Bodyshop wird immer mit seiner Gründerin Anita Roddick in Verbindung gebracht.

An der Börse heißt es: Die Überzeugungskraft eines Vorstandsvorsitzenden kann den Aktienkurs um bis zu 20 Prozent beeinflussen – nach oben, wenn die Investoren von seiner Vision und Kraft überzeugt sind; nach unten, wenn der Boss blass und unentschlossen wirkt. Auch im Unternehmen selbst hängt viel vom Chef ab: Hat er die großen Ziele für das Unternehmen vor Augen, und kann er sie seinen Mitarbeitern überzeugend kommunizieren? Dann wird das Team mit Elan an die Umsetzung der Pläne gehen. Geht er respektvoll und menschlich mit seinen Untergebenen um? Entsprechend wird das gesamte Betriebsklima aussehen. Hat er eine gewisse Fehlertoleranz? Dies ist Voraussetzung, dass Mitarbeiter offen Missgeschicke zugeben und daraus für die Zukunft lernen können. Ist seine Bürotür offen? Dann wird tendenziell im ganzen Haus offen kommuniziert. Ist er ein bürokratischer Typ, der mit Zeitplänen und Pflichtenkatalogen führt? Oder ist er für Mitarbeiter, Kunden und Geschäftspartner eher ein Kompass, der auf die Zukunft des Unternehmens weist? Freuen Sie sich, wenn Ihr Chef zu der letzten Sorte gehört. Dann fühlt er sich nämlich genau für die richtigen Aufgaben verantwortlich und verliert sich nicht im despotischen oder chaotischen Klein-Klein. Solch ein Vorstandsvorsitzender kann Ihnen als Beispiel für Ihre Ich-AG dienen.

Folgendes Schaubild stellt übersichtlich dar, welche sechs miteinander verzahnten Aufgabenbereiche ein Vorstandsvorsitzender auszufüllen hat (siehe Abbildung 3).

Abbildung 3: Aufgaben des Vorstandsvorsitzenden

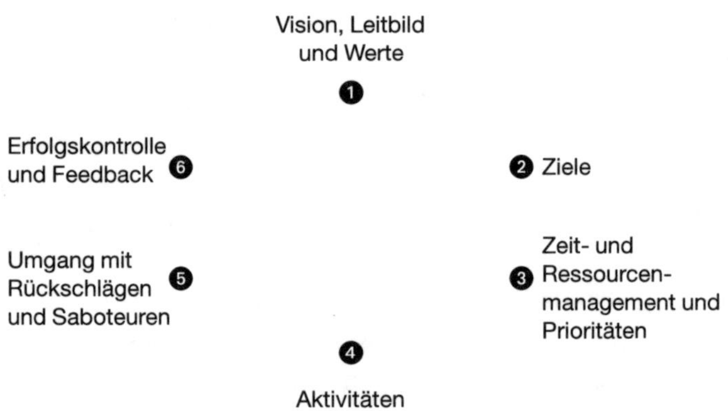

1. Vision, Leitbild und Werte Wie sieht die erfolgreiche Zukunft der Firma aus, und auf welchen Werten bauen wir diese Zukunft auf? Auf diese Fragen muss der Vorstandsvorsitzende Antwort geben können.

2. Ziele Welche Meilensteine wollen wir erreichen? Zum Beispiel einen höheren Marktanteil erzielen, neue Produkte entwickeln, eine Expansion ins Ausland anstreben? Ein guter Chef gibt hier eine klare Marschrichtung vor.

3. Zeit- und Ressourcenmanagement und Prioritäten Wie setzen wir die vorhandenen Ressourcen (Mitarbeiter, Know-how, Kapital) optimal für unsere Ziele ein? In welcher Zeit wollen wir was erreichen, und nach welchen Prioritäten gehen wir vor? Vom Chef wird hier effiziente Planung und umsichtiges Handeln erwartet.

4. Aktivitäten Welche konkreten Maßnahmen müssen in den unterschiedlichen Situationen getroffen werden? Die Person an der Spitze muss Handlungsbedarf erkennen, gekonnt delegieren und die Fäden zusammenhalten.

5. Umgang mit Rückschlägen und Saboteuren Wie gehen wir am wirkungsvollsten mit Rückschlägen um, damit sie uns nicht vom Zielpfad abbringen? Wie können wir Saboteure ausschalten? Hier wird der Chef zum Schutzschild und Motivator seiner Mannschaft.

6. Erfolgskontrolle und Feedback Geht die verfolgte Strategie auf, kommen wir unserer Vision schrittweise näher, oder müssen wir an einigen Stellen nachbessern? Ein guter Unternehmenslenker darf sich nicht aus persönlicher Eitelkeit davor scheuen, Fehler zuzugeben, umzusteuern und Verbesserungen durchzusetzen.

Nach genau dem gleichen Muster können Sie als Ich AG bei der Beantwortung der Fragen vorgehen: »Wie soll mein Leben eigentlich aussehen? Was erwarte ich für mich selbst, wie sollen meine Beziehungen aussehen, und was will ich im Beruf oder bei sonstigen Aktivitäten erreichen?« Installieren Sie einfach einen inneren Vorstandsvorsitzenden, und geben Sie ihm ein gedachtes »Büro« als Schaltzentrale. Mit ein wenig Übung wird er seinen Job machen, nämlich

- Ihnen einen Pfad im Dschungel unseres modernen, reizüberfluteten Lebens schlagen,
- Ihnen bei der Entdeckung und Umsetzung Ihrer wahren Lebenswünsche helfen,

- Sie mit persönlichen Werten ausstatten, die Kräfte für ein selbstbestimmtes und erfolgreiches Leben freisetzen,
- Sie bei wichtigen Entscheidungen und Weichenstellungen beraten – beruflich und privat,
- Sie vor Moden, schnelllebigen Konsumtrends und Suchtgefahren abschirmen.

Schicken Sie jetzt den Vorstandsvorsitzenden Ihrer Ich AG an die Arbeit!

Vision, Leitbild und Werte

Wie beim Unternehmensmanagement startet auch das Eigenmanagement mit der Frage nach der Vision, dem Leitbild und den persönlichen Werten. Nur wer weiß, wo es im Leben hingehen soll, der kann alle Kräfte in diese Richtung bündeln. Das gilt für den Beruf und das Privatleben. Wie sieht es bei Ihnen aus? Tun Sie das, was Sie wirklich wollen? Oder leben Sie schon seit Jahren einfach nur vor sich hin, erfüllen beruflich und familiär Ihre Pflicht, passen sich an die Umstände an, wehren sich nicht gegen Ungerechtigkeiten und schieben größere Veränderungen immer wieder auf die lange Bank?

Beantworten Sie die folgenden 20 Fragen so ehrlich wie möglich, um herauszufinden, was Sie wirklich in Ihrem Leben erreichen wollen.

---

1. Wie würde ich mich zum jetzigen Zeitpunkt beschreiben (Eigenschaften, Talente, Verhalten, Gefühle)? Wie sieht mein Leben aus (Persönliches, Beziehungen, Beruf)?

   . . . .

2. Wie würde ich gerne sein? Welche Wunschvorstellung habe ich von meinem Leben?

   ....

3. In welchen Momenten des Lebens empfinde ich Glück?

   ....

4. Wer oder was löst diese Momente aus?

   ....

5. Wer oder was stört dieses Glücksempfinden?

   ....

6. An welche Augenblicke meines Lebens denke ich besonders gerne zurück?

   ....

7. Was war an diesen Augenblicken so besonders gut?

   ....

8. Wenn ich ein ausreichendes monatliches Einkommen hätte, ohne arbeiten zu müssen: Wie würde ich mein Leben gestalten?

   ....

9. Warum tue ich es nicht jetzt schon?

   ....

10. Gibt es Signale aus meinen Träumen, wie ich mein Leben besser und glücksversprechender gestalten könnte?

    ....

11. In Gegenwart welcher Menschen fühle ich mich wohl, respektiert und geborgen?

    ....

12. Bin ich oft genug mit diesen Menschen zusammen? Wenn nein, warum nicht?

13. Gebe ich diesen Menschen genug Gutes zurück? Wenn nein, warum nicht?

14. Wie wünsche ich mir Beziehungen? Entsprechen meine aktuellen Familien- und Freundesbeziehungen meinen Vorstellungen? Wenn nein, warum nicht?

15. Was sind meine besonderen Talente?

16. Kommen sie in meiner jetzigen (beruflichen oder ehrenamtlichen) Tätigkeit zum Tragen? Wenn nicht, warum?

17. Bei welchen Tätigkeiten empfinde ich Freude und Befriedigung?

18. Übe ich diese Tätigkeiten oft genug aus? Wenn nein, warum nicht?

19. Welche Tätigkeit würde ich annehmen, wenn ich nicht für meinen Lebensunterhalt arbeiten müsste?

20. Was sind die behindernden Kräfte, die mich nicht so leben lassen, wie ich das eigentlich will? Kann ich diese Kräfte schachmatt setzen?

Wenn Sie sich Zeit nehmen und diese Fragen ehrlich beantworten, dann stoßen Sie in der Summe unweigerlich auf Ihre Lebensvision – und zwar für die Dimensionen Ihres Selbst (Persönlichkeit, Würde, Gesundheit), Ihrer Beziehungen (Familie, Freunde, Berufsumfeld) und Ihrer Aktivitäten (Beruf, Familienarbeit, Ehrenamt).

✍

Versuchen Sie, Ihre Lebensvision kurz zusammenzufassen.

. . . .

. . . .

. . . .

♀ Die Ich AG für Frauen

Das Thema Lebensvision für Frauen hat in den vergangenen Jahren eine bemerkenswerte Wendung genommen. Noch in den 1980er Jahren sagte mir eine Verwandte auf meine Bemerkung, ich könne mir die Erziehung eines Kindes auch in den Händen meines Mannes vorstellen, während ich das Geld verdiene: »Das arme Kind.« Frauen, selbst mit akademischem Abschluss, wurden damals immer noch misstrauisch beäugt, wenn sie es wirklich ernst meinten mit dem selbstbestimmten, voll berufstätigen Leben. Heute scheint es gerade andersherum zu sein. Frauen ab einer gewissen Qualifikationsstufe fühlen sich minderwertig und werden vor allem von berufstätigen Frauen abgewertet, wenn sie nach der Geburt teilweise oder ganz zu Hause bleiben. Und Männer werden in den meisten Fällen regelrecht gemobbt und ausgegrenzt, wenn sie die Aufgaben eines Hausmanns übernehmen. Trotz Erziehungsnotstand und steigender Jugendkriminalität in Deutschland ist der Beruf des Erziehenden mit einem noch schlechteren Image versehen als der des Versicherungsmaklers. Ich kann als Alleinverdienende mit einem Hausmann als Ehemann nur jeder Frau raten: Bestimmen Sie Ihr Lebensmodell – und wenn es das der Mutter ist, dann ist das in Ordnung! Erfolg im Beruf ist auch erlaubt, ebenso wie ehrenamtliches Engagement. In erster Linie geht es nämlich darum, was Sie wollen und brauchen – nicht um das, was andere oder gar die Gesellschaft von Ihnen will und braucht. Sie sind die Nummer eins in Ihrem Leben!

Eine andere Möglichkeit, Ihre vielleicht verschütteten Lebenswünsche wieder ans Licht zu holen, ist der wunderbare Tagtraum vom 80. Geburtstag. Sie sitzen im Kreise Ihrer Festgesellschaft, ein Freund oder Verwandter steht auf für eine Rede. Was möchten Sie über folgende Themen hören:

- Ihre Eigenschaften und Lebensgestaltung? – Ihr Selbst,
- Ihr Verhältnis zu anderen Menschen? – Ihre Beziehungen,
- die Tätigkeiten während Ihres langen Lebens? – Ihre Aktivitäten.

Wenn Ihnen die Vorstellung Ihres 80. Geburtstags nicht behagt, und Sie sich auch nicht die Mühe machen möchten, alle 20 Fragen zu beantworten, dann gibt es noch eine Kurzfassung für Ihren Lebensentwurf – die Werte-Tabelle (siehe Abbildung 4).

Abbildung 4: Die Werte-Tabelle, ein Beispiel

	Selbst	**Beziehungen**	**Aktivitäten**
1	Zufriedenheit innerer Frieden	Vertrauen Friedfertigkeit	Sinnhaftigkeit Lebensfreude
2	Gesundheit	Menschlichkeit Respekt Würde	Kompetenz
3	Authentizität keine Maske	Ehrlichkeit	Sicherheit

Tragen Sie nun in die Felder für »Selbst«, »Beziehungen« und »Aktivitäten« das ein, was Ihnen am allerwichtigsten ist (siehe Abbildung 5).

Abbildung 5: Ihre persönliche Werte-Tabelle

	Selbst	Beziehungen	Aktivitäten
1			
2			
3			

Ein Gefühl der Überforderung oder des Wertekonflikts entsteht oft dann, wenn Erfolg in einer der drei Bereiche mit Misserfolg in einem anderen einhergeht. Klassische Konfliktfelder sind Aktivitäten ↔ Beziehungen (zum Beispiel Berufsstress kontra Familie), Beziehungen ↔ Selbst (zum Beispiel Vereinnahmung durch Freunde kontra persönliche Entspannung) und Selbst ↔ Aktivitäten (zum Beispiel Entscheidungsfreiräume kontra stupider Routine-Job). All diese Konflikte haben etwas mit kollidierenden Erwartungen zu tun. Die erste Übersicht auf Seite 34 zeigt Ihnen eine einfache und wirkungsvolle Methode, um sich nicht zwischen Privat-, Sozial- und Berufsleben aufzureiben.

Wie Sie die notorisch knappe Zeit zwischen diesen Tätigkeiten aufteilen, ist eine Frage Ihrer Prioritäten und Ihrer Lebensvision. Wie weit Sie mit der Umsetzung Ihrer Vision schon gekommen sind, wissen Sie nach der Bearbeitung des folgenden kleinen Tests (siehe zweite Übersicht auf Seite 34).

1. Schritt: Ist diese jetzt an Sie gestellte Erwartung (von Ihrem Chef, Ihrem Kollegen, Ihren Kindern, Ihrer Mutter) berechtigt?

Ja	**Nein**
↓	↓
Lesen Sie weiter.	Dann erfüllen Sie sie nicht und stehen Sie zu den Konsequenzen.

2. Schritt: Halten Sie es aufgrund Ihrer persönlichen Lebensvision für sinnvoll, diese Erwartung zu erfüllen?

Ja	**Nein**
↓	↓
Lesen Sie weiter.	Dann erfüllen Sie sie nicht und stehen Sie zu den Konsequenzen.

3. Schritt: Bauen Sie die Erfüllung von Erwartungen aus Ihrem Umfeld ebenso in Ihr Ressourcen- und Zeitmanagement ein wie Tätigkeiten, die nur Ihnen ganz allein gut tun.

Sind Dinge, die Ihnen am allerwichtigsten sind, schon in Ihrem Leben vorhanden?

Ja	**Nein**
↓	↓
Glückwunsch!	Sind Sie bereit, dauerhaft auf diese Lebensqualität zu verzichten?

Ja	**Nein**
↓	↓
Weiter leben wie bisher – auf eigenes Risiko.	Was können Sie konkret tun, um Ihr Leben zu ändern?

Ziele

Wenn Sie Ihr Leben ändern wollen, um Ihrer Vision ein wenig näher zu kommen, dann ist der nächste Schritt das Formulieren von Zielen. Diese müssen immer in einem konkreten Zusammenhang mit der Lebensvision stehen, die Sie vorhin erarbeitet haben. Sonst verschwenden Sie Zeit und Kraft, sonst sind Ihre Ziele nicht »echt«, sonst leben Sie nicht Ihr eigenes Leben.

Es überrascht in Gesprächen immer wieder, wie viele Menschen überhaupt keine Ziele haben. »Irgendwie durchkommen und möglichst viel Spaß dabei haben«, lautet häufig die Devise. Oder man erntet nur noch ein resigniertes Achselzucken – »hat ja doch alles keinen Sinn«.

Wenn Ihnen das bekannt vorkommt und Sie sich über Ihre Ziele nicht im Klaren sind, dann können Ihnen nachstehende Tipps helfen:

- Formulieren Sie Ihre Ziele im Stil einer konkreten, umsetzbaren Aktivität.
  Beispiel: »Ich möchte ab dem kommenden Jahr nur noch vier Tage in der Woche arbeiten, um mehr Zeit für meine Familie zu haben.«
- Beschreiben Sie Ihre Ziele positiv. Das ist psychologisch vorteilhafter, als sich zu sagen, was man nicht mehr tun möchte.
  Beispiel: »Ich werde künftig fettarm und ballaststoffreich essen, also viel Obst, Gemüse und Vollkornprodukte.«
- Sie können Ihre Ziele auch so formulieren, als ob sie schon Realität wären.
  Beispiel: »Ich bin Abteilungsleiterin und habe Verantwortung für ein siebenstelliges Budget.«
- Setzen Sie einen Kontext. Bis wann, mit wem, wie soll das Ziel erreicht werden?
  Beispiel: »Ich möchte mir in der Branche einen Namen machen.

Dafür werde ich mich aktiv in meinem Berufsverband engagieren und bis zum Ende kommenden Jahres mindestens drei Fachartikel im ›Magazin für Projektmanagement‹ veröffentlichen.«

- Lösen Sie sich von dem Zwang des Mainstream. Ihr Ziel muss nicht »weiter, höher, schneller« lauten; tun Sie das, was Ihnen am Herzen liegt.
  Beispiel: »Ich will an den Wochenenden im örtlichen Tierheim aushelfen und hin und wieder kranke Tiere in Pflege nehmen.«

- Verzetteln Sie sich nicht durch zu viele Alternativen und Optionen. Das Bessere ist der Feind des Guten.
  Beispiel: »Um die längst fällige Gehaltserhöhung zu bekommen, werde ich mich in den kommenden Wochen gänzlich darauf konzentrieren, das Projekt XY erfolgreich abzuschließen und dann durch Eigen-PR darauf aufmerksam machen. Alles andere kann erst einmal warten.«

- Definieren Sie schon während der Zielformulierung Kriterien, an denen Sie die Zielerreichung messen können.
  Beispiel: »Um die Erfolge regelmäßigen Sports messen zu können, werde ich künftig zur Vorsorgeuntersuchung gehen.«

- Definieren Sie Ihre Nebenbedingungen. Das sind die Kosten, die Sie für das Ziel zu zahlen bereit sind – oder auch nicht.
  Beispiel: »Ich will die neue Filiale in Warschau aufbauen und nehme dafür eine Wochenendbeziehung in Kauf. Nach einem Jahr werde ich mit meiner Familie Bilanz ziehen und entscheiden, ob die Opfer für unser Privatleben zu groß sind.«

- Sie erreichen Ihre Ziele leichter, wenn Sie einem übergeordneten Ziel dienen – und nicht bloß Prestige und Wohlstand mehren oder Ihre Eitelkeit befriedigen. Motivation kommt von Motiv!
  Beispiel: »Ich absolviere einen Abendkurs in Wirtschaftsenglisch, damit ich einmal die Chance bekomme, eine Zeit lang in den USA zu arbeiten.«

♀ Die Ich AG für Frauen

Warum sind die Traumberufe vieler Mädchen immer noch Friseurin, Arzthelferin und Stewardess? Weil Mädchen nach wie vor zum Dienen erzogen werden. Fordern, Beharren und Zupacken gelten als unweibliche Eigenschaften – Begriffe wie Zicke oder Primadonna sind schnell bei der Hand. Diese Jahrtausende alte Tradition ist nicht auf wenigen Buchseiten zu durchbrechen. Aber Sie können achtsam werden, Ihr eigenes Verhalten beobachten und solchen Prägungen auf die Schliche kommen. Dann schaffen Sie es vielleicht, dass auf Ihrer Ziele-Liste nicht nur steht: »Ich will meinem Mann eine gute Ehefrau und meinen Kindern eine treu sorgende Mutter sein.« Dann könnte da auch stehen: »Ich will regelmäßig Zeit für mich und die Befriedigung meiner Bedürfnisse haben.« oder: »Ich will mir nicht länger gefallen lassen, wenn andere auf meine Kosten leben.« Versuchen Sie es! Die Menschen, die Sie auf dem Weg zu Ihren Zielen verlieren (und Sie werden welche verlieren, das ist sicher), haben wahrscheinlich sowieso nicht zu Ihnen gepasst.

Am besten formulieren Sie Ihre Ziele immer schriftlich, damit Sie sie später nachlesen, eventuell anpassen und regelmäßig überprüfen können. Machen Sie sich nun Gedanken über Ihre Ziele: Ihr Selbst, Ihre Beziehungen und Ihre Aktivitäten beziehungsweise Ihren Beruf betreffend.

Meine Ziele

Selbst . . . .

. . . .

Beziehungen ....

....

Aktivitäten/Beruf ....

....

Zeit- und Ressourcenmanagement und Prioritäten

Eine der wichtigsten Aufgaben Ihres persönlichen »Vorstandsvorsitzenden« ist das Zeit- und Ressourcenmanagement und die Prioritätensetzung. Folgende Ressourcen haben Sie:

- Kraft aus Ihrer persönlichen Lebensvision und Ihren Werten: Empfinden wir eine Handlung als sinnvoll, dann üben wir sie mit doppeltem Elan aus. Dabei setzt ein erfülltes Leben eine neue Definition des Begriffs »Ressource« voraus: Nicht Macht und Ehrgeiz machen uns auf Dauer glücklich, sondern die lebensbejahende Kraft aus einem nach Sinn strebenden Leben.
- Ihre persönlichen Stärken und Kernkompetenzen: Hier geht es um Ihre Fähigkeiten beziehungsweise um all das, was Sie tun können, gerne durchführen und auch erfolgreich abschließen (siehe Kapitel 3: Die Corporate Identity).
- Ihren Körper und Ihren Geist: Um beider Leistungsfähigkeit zu erhalten, müssen einige Regeln beachtet werden (siehe Kapitel 7 Personalvorstand und Betriebsrat).
- Ihre Finanzen: Ob Sie auch das verdienen, was Sie verdienen, und ob Sie das Verdiente auch ordentlich verwalten, sagt Ihnen im Kapitel 5 der Finanzvorstand.
- Ihr Know-how: Sollten bei der Analyse Ihrer Stärken und Kernkompetenzen in Kapitel 3 (Die Corporate Identity) noch Defizite

aufgedeckt worden sein, dann sorgt Ihr innerer Innovationsvorstand in Kapitel 6 für den richtigen Lerneffekt.

- Ihre Beziehungen: Erfüllte Beziehungen sind eine Quelle von Kraft und Lebenslust. Während Ihnen Familie und enge Freunde Halt und Liebe geben, nutzen private und berufliche Netzwerke der Karriere. Wie Ihr ganz persönlicher Rotary-Club aussehen kann, steht in Kapitel 9.
- Ihre Berater: Oft kommen von außen entscheidende Impulse zur Lösung eines Problems oder zum Anpacken eines Lebensziels. Coaches, Trainer und Therapeuten können Ihr Ressourcen-Depot von außen mit Kraft aufladen. Das wird in Kapitel 10 beschrieben.
- Ihre Zeit: Sie scheint von allen Ressourcen oft die knappste. Wir sind umzingelt von Zeit- und Energiefressern (demotivierende Arbeitsumgebung, Angst um den Job, eine laute Umwelt, Informations-Overkill, inhaltsleerer Small Talk auf Partys und Geschäftsterminen). Deshalb müssen wir uns einmal etwas genauer anschauen, wie wir die Zeit am Weglaufen hindern und Sie zum Verbündeten unserer Lebensvision machen können.

Das klassische Zeitmanagement gleicht häufig einer Anleitung, nur noch mehr von all den nutzlosen Dingen unseres modernen Alltags in 24 Stunden zu packen. Oder anders gesagt: Mehr Dinge schneller zu tun ist kein Ersatz dafür, das Richtige zu tun. Deshalb ist es auch kein Beweis für engagiertes, produktives und sinnvolles Arbeiten, wenn Sie abends immer zu den Letzten im Büro gehören und zu Hause Ihr Essen kalt wird – wenn es bei diesem Lebensstil überhaupt noch jemanden gibt, der auf Sie wartet.

♀ Die Ich AG für Frauen

Weg mit dem Perfektionismus? Mut zur Lücke? – Das fällt besonders Frauen schwer. Verabschieden Sie sich endlich von der Wahnvorstellung des »Superweibs«, das lächelnd und stets gut frisiert zwischen Laptop, Dienstreise, Elternabend und selbst gekochtem Candlelight-Dinner mit dem Gatten hin und her hetzt. Wo, bitte schön, bleibe bei all dem Funktionieren eigentlich ich? Fragen Sie sich das einmal und nehmen Sie sich mehr Zeit.

Stellen Sie sich die von Stephen R. Covey so hervorragend auf den Punkt gebrachte Frage: Welche Handlungen, wenn Sie sie gewissenhaft und konsequent ausübten, hätten positive Auswirkungen auf Ihr Selbst (persönliches Wohlbefinden, Gesundheit, Psyche), Ihre Beziehungen (Familie, Freunde, Vorgesetzte, Kollegen, Geschäftspartner) und Ihren Beruf (Erfolg, Einkommen, Zufriedenheit)?

Um die Frage zu beantworten, müssen Sie eigentlich nur die auf den Seiten 37 und 38 für die drei Bereiche (Selbst, Beziehungen, Aktivitäten/Beruf) formulierten Ziele zu konkreten Handlungsanweisungen herunterbrechen. Dabei sollten Sie im Interesse eines harmonischen Lebens auf Gleichberechtigung der drei Ebenen achten. Natürlich gibt es im Leben Phasen, wo das Berufliche zeitweise über dem Privaten oder umgekehrt stehen muss. Aber die Vernachlässigung eines Bereiches sollte nicht zum Dauerzustand werden. Wer vom Balancekonto abhebt, der muss auch wieder darauf einzahlen. Am besten schaffen Sie das, wenn Sie Ihren Perfektionismus begraben und stattdessen Mut zur Lücke beweisen.

Das nachstehende Zeit-Quadrat hilft Ihnen, Ihre Zeit so einzusetzen, dass wichtige Aktivitäten auf allen drei Ebenen (Selbst, Beziehungen, Aktivitäten/Beruf) zu ihrem Recht kommen. Versuchen Sie, mindestens 70 Prozent Ihrer Zeit in den oberen beiden Feldern zu verbringen.

Um nun herauszubekommen, welche Aufgaben für Sie persönlich wichtig, unwichtig, dringend beziehungsweise nicht dringend sind, leitet Ihr innerer »Vorstandsvorsitzender« nun die Zusammenführung von Lebensvision, Zielen und Zeitmanagement ein. Sie

Abbildung 6: Das Zeit-Quadrat

	Dringend		**Nicht dringend**	
Wichtig	Sie handeln		Sie planen, denken, regenerieren	
	Selbst	• alle Aufgaben mit nachvollziehbaren Fristen	Selbst	• Arbeit an meiner Ich AG • Erholung • Träumen • Sport
	Beziehungen	• Krisen	Beziehungen	• Beziehungspflege
	Aktivitäten	• drängende Probleme und Aufgaben	Aktivitäten	• Vorbereitung und Konzeption der beruflichen oder sonstigen Tätigkeit
Nicht wichtig	Sie delegieren, reagieren		Sie meiden	
	Selbst Beziehungen Aktivitäten	Tätigkeiten, die Sie • risikolos delegieren können • vorschieben, um sich vor schwierigen wichtigen Aufgaben zu drücken • von anderen als »dringend« aufgedrückt bekommen	Selbst Beziehungen Aktivitäten	• Belanglosigkeiten • seichte Freizeitunterhaltung • Konsumterror • Helfersyndrom • übermäßige Kontrolle von Mitarbeitern • Umweltzerstörung • Gewalt

Quelle: in Anlehnung an Stephen R. Covey: Der Weg zum Wesentlichen. Zeitmanagement der vierten Generation, Frankfurt/New York, 5. Aufl. 2003, S. 34, hier: Weiterentwicklung der Autorin.

kommen auf dem Weg zu einem erfolgreichen und erfüllten Leben voran, wenn Sie die Richtung kennen, die Schritte dorthin definiert haben und dann auch noch die notwendigen Handlungen mithilfe des Zeit-Quadrats in Ihren Tages-, Wochen- und Monatsablauf integrieren können (siehe Abbildung 6).

Dieser Prozess beginnt mit ein wenig »Hausaufgaben«, die Sie am besten einmal im Jahr in einer persönlichen Klausur erledigen. An diesem Tag oder Wochenende brauchen Sie

- Ihre niedergeschriebene Lebensvision beziehungsweise Werte-Tabelle,
- Ihre niedergeschriebenen Ziele,
- Blanko-Versionen des Zeit-Quadrats.

Damit erledigen Sie dann

- die jährliche Überprüfung und wenn nötig Anpassung Ihrer Lebensvision,
- die jährliche Überprüfung und wenn nötig Anpassung Ihrer Ziele,
- Ihre Jahres-Prioritätenplanung mithilfe des Zeit-Quadrats,
- Ihre Jahres-Aktivitätenplanung mithilfe eines ganz normalen Kalenders.

Aktivitäten

Mit Ihren Aktivitäten arbeiten Sie sich mithilfe Ihrer angeborenen oder erlernten Fähigkeiten schrittweise an die Ziele heran, die Sie zur Erfüllung Ihrer Lebensvision definiert haben. Schon die alten Chinesen wussten: Eine lange Reise beginnt mit dem ersten Schritt. Und diese vielen ersten, zweiten und dritten Schritte tragen Sie in die Felder Ihres Zeit-Quadrats in den Jahres-, Monats- und Wochenplänen ein (siehe nachfolgende Übersicht). Natürlich stehen die zielführenden Maßnahmen in den oberen beiden Quadranten. Es schadet aber gar nicht, auch die Tätigkeiten schriftlich zu erfassen, die Sie meiden wollen.

Jahresplan für 200 … (Klausur)

1. Ist-Analyse

Wie geht es mir persönlich (innerlich und äußerlich)?

. . . .

Wie stehe ich zu meinen wichtigsten Bezugspersonen?

. . . .

Wie ist die aktuelle Situation im Beruf?

. . . .

Überprüfung meiner persönlichen Lebensvision/Werte

. . . .

Überprüfung der für das abgelaufene Jahr gesetzten Ziele

. . . .

2. Soll-Analyse

Ist eine Anpassung meiner Lebensvision/Werte notwendig?

. . . .

Meine Prioritäten beziehungsweise Streichkandidaten für das kommende Jahr:

	Dringend		**Nicht dringend**	
Wichtig	Ich handle		Ich plane, denke, regeneriere	
	Selbst		Selbst	
	Beziehungen		Beziehungen	
	Aktivitäten		Aktivitäten	
Nicht wichtig	Ich delegiere, reagiere		Ich meide	
	Selbst		Selbst	
	Beziehungen		Beziehungen	
	Aktivitäten		Aktivitäten	

Monatsplan/Wochenplan für ______

1. Ist-Analyse

Überprüfung der für den/die vergangene/n Monat/Woche gesetzten Ziele (Überträge)

. . . .

2. Soll-Analyse

	Dringend		**Nicht dringend**	
Wichtig	Ich handle		Ich plane, denke, regeneriere	
	Selbst		Selbst	
	Beziehungen		Beziehungen	
	Aktivitäten		Aktivitäten	
Nicht wichtig	Ich delegiere, reagiere		Ich meide	
	Selbst		Selbst	
	Beziehungen		Beziehungen	
	Aktivitäten		Aktivitäten	

Jede Aktivität, die Sie freiwillig tun wollen oder die von außen als Erwartung auf sie zukommt, muss auf den Prüfstand – als eine Art »TÜV« der Ich AG.

An dieser Stelle soll einmal kurz einem Missverständnis vorgebeugt werden. Positive Aktivitäten im Interesse der Ich AG sind nicht nur angenehm, lustvoll und kurzweilig. Die Ich AG ist kein »Fun-Konzept«. Wenn Sie für sich das Ziel definiert haben, im Job nach oben zu wollen, dann leiten sich daraus ganz zwangsläufig auch Aktivitäten wie »hart arbeiten«, »Überstunden«, »Dienstreisen«, »Lehrgänge«, »Dauermeetings« ab. Mit dem einen Unterschied: Sie

Die entscheidende Frage lautet:

Führen diese Aktivitäten zu einem Ihrer definierten Ziele?

Ja	**Nein**	**Weiß nicht**
↓	↓	↓
Weiter so.	Stopp.	Versuchen Sie, schnellstens Klarheit zu bekommen.

wissen ab heute, warum Sie sich all das antun – weil es Sie einem definierten und für Sie wichtigen Ziel nahe bringt. Das unterscheidet Sie von den Kollegen, die lethargisch alles über sich ergehen lassen und stillschweigend leiden. Sie leiden nicht, Sie setzen Ihre Ressourcen zielführend ein. Das Gleiche gilt für die nicht durchgehend angenehmen Aktivitäten eines Erziehenden, der Aufbau und Pflege einer intakten Familie als persönliches Ziel definiert hat. Und selbst gesunde Ernährung und regelmäßiger Sport verlieren ihren Schrecken, wenn diese Handlungen einem von Ihnen als erstrebenswert definierten Ziel dienen.

Hier noch einige Tipps, wie Sie sinnvoll Ihre Aktivitäten in den Dienst der Zielerreichung stellen können:

- Stecken Sie keine Zeit und Kraft in Aktivitäten, die Sie nur halbherzig angehen. Irgendein inneres Signal will Ihnen sagen, dass das nicht das Richtige für Sie ist. Das soll natürlich keine Ausrede dafür sein, sich vor unangenehmen Dingen zu drücken. Wenn Sie beispielsweise als Assistentin der Geschäftsführung eine hohe Dienstleistungskultur pflegen, dann erledigen Sie auch einmal im Monat die Ablage professionell, zügig und ohne großes Jammern. Wer Partnerschaft in der Familie ernst nimmt, übernimmt auch eher lästige Aufgaben wie den Müll zu entsorgen.
- Im Fall eines Aktivitätenkonflikts sollten Sie Kompromisse nur schließen, wenn diese Sie nicht zu weit weg vom Zielpfad führen.

- Meiden Sie stupide Routinen, auch wenn Sie bequem sind. So ist zum Beispiel das reflexartige Anschalten des Fernsehers nach dem Abendessen in neun von zehn Fällen reine Zeitverschwendung.
- Überprüfen Sie kritisch alle Aktivitäten, die nur Nachahmung oder Ausweis einer bestimmten sozialen Zugehörigkeit sind. Ist der Wunsch nach einem größeren Auto der Reflex auf den Neuwagen Ihres Nachbarn oder bringt ein adäquater PKW Ihnen wirklich etwas bei der Zielerreichung, zum Beispiel mehr Ansehen in der Firma oder ein größeres Prestige beim Kunden? Auf die Frage »Wann fahrt Ihr denn dieses Jahr zu den Salzburger Festspielen?« können Sie auch einmal souverän antworten: »Gar nicht, ich radle lieber mit meinen Kindern durch das Altmühltal.«

Umgang mit Rückschlägen und Saboteuren

So wie ein guter Unternehmenschef eine Firmenkultur prägt, in der Fehler und Rückschläge als Lerneffekt und nicht als Druckmittel und Mobbing-Vorwand missbraucht werden, so sollte sich auch Ihr innerer »Vorstandsvorsitzender« wie ein Löwe schützend vor Ihre Gefühle stellen. Pleiten, Pech und Pannen gehören selbstverständlich zum Leben. Machertypen und Motivations-Gurus, die uns vom Gegenteil überzeugen wollen, sind Blender. Es ist nicht entscheidend, ob Sie Fehler machen. Es ist entscheidend, wie Sie mit ihnen umgehen.

Wenn nach einer misslungenen Aktion oder während eines schwierigen Projektes bei Ihnen negative Gedanken überwiegen, wenn Sie sich permanent innerlich schlecht reden, sich schämen oder Angst haben – dann ist Ihr Vorstandsvorsitzender wohl auch einer von diesen Schindern, die Sprüche drauf haben wie: »Wenn Sie ein Problem haben, dann sind Sie Teil des Problems.« Ich frage mich, in welchen sündhaft teuren Managementtrainings ein solcher Unsinn gelehrt wird? Einen solchen Boss sollte Ihr Aufsichtsrat sofort feuern (siehe Kapitel 8).

Aber oft ist ein solcher innerer Saboteur auch nur Opfer – Opfer von Programmierungen aus Kindertagen. Wer kennt sie nicht, die Botschaften der Eltern, Verwandten, Lehrer und Geschwister: »Ein Indianer kennt keinen Schmerz.«, »Jungs weinen nicht.«, »Dein größerer Bruder ist eben besser als du.«, »Wenn du Mami liebt hast, dann …«, »Warte nur, bis dein Vater nach Hause kommt.«, »Schieb dich nicht so in den Vordergrund, so wichtig bist du nun auch wieder nicht.«, »Man muss hart arbeiten, um es zu etwas zu bringen. Es fällt einem nichts in den Schoß.«, »Wenn du diese Prüfung nicht bestehst, wie steh ich denn dann vor den Nachbarn da?«. Die oft fatalen Folgen für uns Erwachsene sind Selbstzweifel und Angst.

Andere Saboteure sind übertriebene Vernunft (»Das probiere ich erst gar nicht, alle Erfahrung spricht dagegen.«), Stolz (»Den frag ich nicht um Hilfe in dem Projekt, den nicht!«), negative Erfahrungen in der Vergangenheit (»Das hab ich noch nie gekonnt, wieso jetzt auf einmal?«) und Bequemlichkeit (»Puh, bis ich da mal sichtbare Erfolge vorweisen kann, vergeht ja ein Jahr.«).

Es ist der Job Ihres Vorstandsvorsitzenden, Sie aus dieser Abwärtsspirale herauszuholen:

- Pessimismus und Fatalismus (»Das klappt ja sowieso nicht.«) sind kein Schicksal, sondern Ergebnis von Erziehung. Sobald Ihnen das klar ist und sie die Muster erkannt haben, die zu mieser Grundstimmung in Ihrem Leben führen, können sie sich da herausarbeiten.

- Für den Pessimisten ist ein Misserfolg eine Niederlage, für den Optimisten eine willkommene Lektion und Verbesserungschance.

- Jedes Problem hat auch etwas für sich, zum Beispiel bietet es die Chance zum Innehalten, Korrigieren, Lernen. Das sind im Rückblick betrachtet oft die wertvollsten Momente im Leben.

- Wer über sich selbst lachen kann, nimmt den inneren Saboteuren den Nährboden. Statt verbissen die Gründe des eigenen Versagens zu suchen, ist es besser, mit Humor und gesunder Selbstkritik aus Fehlern zu lernen. Grübeln bringt nichts außer Magengeschwüren.
- Trübe »Was wäre wenn«-Gedanken schon im Vorfeld einer Aufgabe sind tabu. Sie bringen Ihnen nichts außer Verkrampfung, Kraftverlust und einer schlechten Aura. Nicht selten münden solche Negativfantasien in selbst erfüllende Prophezeihungen.
- Gehen Sie raus aus der Opferhaltung. Nicht »die anderen«, die böse Welt da draußen, Ihre Kollegen, Ihr Ex-Partner, Erdstrahlen oder schlicht das Pech sind verantwortlich für Ihr Leben – Sie sind es, nur Sie alleine.

♀ Die Ich AG für Frauen

Es ist aus zahlreichen Untersuchungen bekannt, dass Jungen eher gelobt und motiviert werden als Mädchen. Ein Mädchen hat eben »Glück gehabt«, der Junge hat Mut und Pfiffigkeit bewiesen. Kein Wunder, dass die inneren Saboteure bei Frauen meist keine kleinen Männchen auf der Schulter mehr sind, sondern ausgewachsene Riesen. Und die brüllen ständig ungefragt ins Ohr:

- »Versuch's erst gar nicht, das schaffst du eh nicht.«
- »Der XY ist viel besser als du, lass ihm die Projektleitung.«
- »Wenn du jetzt aufstehst und was sagst, dann starren dich alle an und du wirst dich garantiert verhaspeln.«
- »Der neue Job würde zu viele Auslandsreisen mit sich bringen, das gibt nur Stress mit deinem Mann.«
- »So toll war die Studie nicht; jeder hätte das gekonnt. Häng das bloß nicht an die große Glocke.«
- usw. usw.

Wenn Sie diesem Saboteur-Riesen nicht das Maul stopfen, dann werden Sie keinen Frieden finden. Seine Killersätze können Sie wie folgt kontern:

- »Ich schaffe es, und wenn auch mal ein Rückschlag kommt, lasse ich mich nicht davon abbringen.«
- »Der XY kann vielleicht besser seine Vorzüge ins Rampenlicht stellen. Aber wollen wir doch mal sehen, ob mir das nicht auch gelingt (lesen Sie Kapitel 4). Ich bin qualifiziert für die Projektleitung und ich will sie auch.«
- »Ich muss ja nicht druckreif reden. Was ich sagen will, kann ich allemal ausdrücken. Und jetzt melde ich mich und stehe auf.«
- »Das mit den Auslandsreisen bekomme ich hin, weil ich mit meinem Mann eine klare Aufteilung der häuslichen Aufgaben verabreden werde.«
- »Diese Studie hat für das Unternehmen wichtige Ergebnisse gebracht, die uns voranbringen und Geld sparen. Das soll jeder hier wissen.«

Erfolgskontrolle und Feedback

Diesem wichtigen Thema ist ein eigenes Kapitel weiter hinten im Buch gewidmet, denn niemand kann seine Lebensvision und seine Ziele für alle Zeiten in Stein meißeln und für unantastbar erklären. Alles fließt und nichts ist so beständig wie der Wandel, heißt es ganz richtig. Also sind Wachsamkeit, Mut zum Risiko und Mut zu Fehlern gefragt. Im Kapitel 8 »Aufsichtsrat und Hauptversammlung« können Sie erfahren, wie man Erfolgskontrolle und einen permanenten Verbesserungsprozess aus eigener Kraft und mit der Hilfe anderer schafft.

⌘ Die Ich AG vernetzt

Wie arbeitet der Vorstandsvorsitzende mit seinen Kollegen der Ich AG zusammen?

- als Ideengeber der Eigen-PR: Wenn Sie wissen, wo Sie hin wollen, wissen Sie auch, wie Sie sich authentisch und überzeugend nach außen darstellen (siehe Kapitel 4).
- als Finanz-Katalysator: Was der Mensch gerne macht, das klappt meist auch. Mit einer klaren Lebensvision und konkreten Zielen werden Sie immer ein ausreichendes Einkommen haben (siehe Kapitel 5).
- als Arzt in eigener Sache: Bauen Sie sich Freiräume und ein erfülltes Privatleben in Ihre Lebensvision und Ihr Zeitmanagement ein, dann sind Sie auf dem besten Weg zu innerlicher und äußerlicher Gesundheit (siehe Kapitel 7).

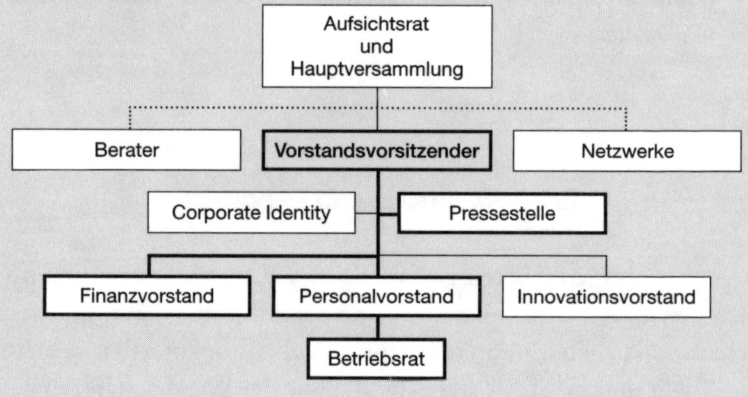

Denn seien wir ehrlich: Wer ständig ohne Feedback von außen vor sich hin werkelt, verliert schnell die Disziplin und ist eher dazu geneigt, Misserfolge unter den Teppich zu kehren. Genauso wie für Unternehmen lohnt es sich deshalb auch für die Ich AG, regelmäßig Leistungen und Fortschritte zu überprüfen beziehungsweise überprüfen zu lassen. Am Wohl des Unternehmens haben Aktionäre, Kapitalgeber und Mitarbeiter ein starkes Interesse. Am Wohl der Ich AG sind in erster Linie Sie selbst interessiert, denn Ihre Zufriedenheit auf materieller und seelischer Ebene ist das Hauptziel der Ich AG. Aber auch die legitimen Interessen von Familie, Freunden, Kollegen und anderen Personen aus Ihrem engsten Umfeld müssen berücksichtigt werden.

3
Die Corporate Identity: Verfeinern Sie die Ich AG zur Marke

Die Identität oder auch das Selbstverständnis eines Unternehmens bezeichnet man als Corporate Identity. Bei diesem Konzept spielen die Marken eines Unternehmens eine wichtige Rolle, denn Marken sind in der heutigen Wirtschaftswelt außergewöhnlich wertvoll. Der Unternehmenswert von Firmen wie Coca-Cola, DaimlerChrysler (Mercedes), Porsche, Beiersdorf (Nivea, Tesa) oder Microsoft resultiert zu einem sehr großen Teil aus der Bekanntheit und Akzeptanz ihrer Markenprodukte. Mitunter werden Marken zu Sammelbegriffen für ganze Warenklassen: »Gib mir mal bitte ein Tempo.« hört man viel häufiger als »Gib mir mal bitte ein Papiertaschentuch.« Trotz dieses unschätzbaren Wertes haben einige Fusionen in den vergangenen Jahren zur Zerstörung alteingeführter Markennamen und Firmenkulturen geführt. So ging bei der Übernahme des Mannesmann-Konzerns durch die britische Vodafone ein deutscher Traditionskonzern samt seiner eingeführten Markenidentität unter. Vodafone muss seitdem mit millionenschweren Werbekampagnen ein neues, eigenes Image im deutschen Markt aufbauen. Ähnlich hohe Werbeetats sind nötig, um Verbraucher, Kunden, Mitarbeiter und die allgemeine Öffentlichkeit daran zu gewöhnen, dass Viag Interkom heute O_2 heißt und aus den Konzernen Veba und Viag durch Fusion ein Energieriese mit dem Kunstnamen E.ON geworden ist.

Aufbau und Pflege einer Marke ist ein teurer, langwieriger Prozess, der in den meisten Unternehmen von hochbezahlten Experten unter strenger Beobachtung des Vorstands gesteuert wird. Doch der Aufwand lohnt sich: Gut geführte Markenprodukte können

- zu einem höheren Preis verkauft werden,
- eine höhere Gewinnmarge erzielen,
- das Unternehmen bekannt machen,
- ein positives Image für die übrigen Produkte bewirken,
- zur Kundenbindung beitragen,
- neue Kundengruppen erschließen,
- die Attraktivität des Unternehmens als Arbeitgeber erhöhen,
- im Fall einer Börsennotierung dem Aktienkurs Rückenwind geben.

Die Ich AG als Marke

Auch für die Ich AG lohnt ein Grundkurs in Sachen Marketing. Das »Ich als Marke« kann zu Folgendem beitragen:

- Sie können mehr Einkommen erzielen – ob als Angestellter oder Selbstständiger.
- Sie erreichen eine höhere Gewinnmarge – also für den gleichen persönlichen Einsatz bekommen Sie mehr Geld beziehungsweise für Ihr jetziges Gehalt müssen Sie weniger arbeiten.
- Ihre Präsentation als Marke macht Sie in Ihrem Betrieb, in Ihrer Branche und in Ihren Netzwerken bekannter und angesehener.
- Durch geschickte Selbstdarstellung können Sie Ihren Arbeitgeber von einer Beförderung oder Gehaltserhöhung überzeugen oder auch neue, attraktive Arbeitgeber auf sich aufmerksam machen.
- Kunden und Geschäftspartner fühlen sich an Sie gebunden und lassen sich zu weiteren Geschäftsabschlüssen bewegen.
- Im Privatleben gewinnen Sie leichter Freunde, wenn Sie als unverwechselbarer, authentischer »Typ« auftreten.

Wie aber baut man sich als Marke auf – ohne künstlich, affektiert, unsymphatisch, angeberisch oder dressiert zu wirken? Das Konzept der Ich AG bietet dazu die Voraussetzung, denn es liefert Anregungen für das authentische Eigenmanagement in allen Facetten Ihres Lebens. So wie das Profil einer Marke »Mercedes« oder »Chanel« die Summe eines ausgeklügelten Systems von Einzelmerkmalen ist, so setzt sich auch Ihre persönliche Ich-Marke aus verschiedenen Elementen zusammen:

- Identität und Charisma: Wer bin ich? Was ist der Kern meiner Persönlichkeit?
- Stärkenprofil: Wo liegen meine Stärken? Was macht mich unverwechselbar und konkurrenzfähig?
- Sprache: Wie kann ich mit Sprache meine Persönlichkeit untersteichen und meine Ziele erreichen?
- Erscheinungsbild: Welche äußere Form entspricht meiner Identität? Welches Aussehen wirkt echt, prägt sich meinem Gegenüber ein und hilft mir bei der Zielerreichung?
- Aufmerksamkeit: Mit welchen Personen sollte ich Kontakte unterhalten und an welchen Orten sollte ich mich sehen lassen, damit meine persönliche Marke zur Geltung kommt?

Identität und Charisma

Bei den erfolgreichsten Unternehmern und Managern stößt man immer wieder auf dieselben Eigenschaften:

Sie sind von sich und ihrer Geschäftsidee überzeugt, sie glauben an das Erreichen ihrer Ziele, sind dafür auch zu langer, harter Arbeit bereit und beweisen bei Widerständen Biss und Rückgrat.

Es ist hier also nicht die Rede von früheren »Stars« der New Economy, die ohne viel Erfahrung und mit großer Selbstüberschätzung erst scheinbar Milliardenwerte schufen (zumindest auf dem Börsenkurszettel) und sie dann ebenso schnell wieder vernichteten. Vielmehr sind Charaktere gemeint wie Bill Gates, der als Student eine geniale Idee hatte und in vielen Jahren Dauereinsatz die weltgrößte Softwarefirma schuf – gegen Widerstände, Konkurrenz und juristische Angriffe. Oder Kajo Neukirchen, der als Sanierer angeschlagener Großkonzerne nicht vor unpopulären Maßnahmen zurückschreckte, dafür massiv angefeindet und bedroht wurde und am Ende doch Zehntausende Arbeitsplätze rettete.

Diese Wirtschaftsgrößen haben etwas gemeinsam, das auch die erfolgreiche Ich AG braucht: Identität und Persönlichkeit, woraus im Idealfall ein ganz besonderes Charisma entsteht. Das ist weder mit inhaltslosem Blenden und »Flügelschlagen« noch mit sturem Beharren auf der eigenen Weltsicht noch mit Unfehlbarkeit und Halbgöttertum zu verwechseln. Charisma – das zeigen zahlreiche Beispiele aus der Geschichte vom Altertum bis in die Neuzeit – hat ein Mensch mit folgenden Eigenschaften:

Profil und Prinzipien Habe ich zu den wesentlichen Dingen des Lebens eine eigene Meinung und handele auch nach Kräften danach? Oder hänge ich mein Fähnchen in den Wind? Kenne ich meine Wünsche, Bedürfnisse und Maßstäbe? Oder lasse ich mir das von anderen vorgeben? Übernehme ich Verantwortung für mein Tun und Nichttun? Bleibe ich auch bei Gegenwind auf Kurs, sodass ich für mich und andere verlässlich bin? Kann ich Nein sagen, Grenzen ziehen und meine Integrität bewahren?

Authentizität Spiele ich eine Rolle und passe mich immer meinem Umfeld an? Oder habe ich einen unverwechselbaren Stil, der zu mir passt und mit dem ich mich wohl in meiner Haut fühle? Trage ich aus Angst oder Kalkül eine Maske oder bin ich selbstbewusst genug, Position zu beziehen und mein Wesen zu zeigen?

Bodenhaftung Habe ich eine realistische Sicht von meiner Bedeutung für den Rest der Welt? Oder neige ich zu Selbstüberschätzung und Großmannssucht? Weiß ich, dass die wichtigsten Dinge nicht mit Geld zu kaufen sind? Oder ergehe ich mich in Allmachtsfantasien?

Engagement und Präsenz Gehe ich die meisten Dinge im Leben mit Herzblut und Überzeugung an? Oder orientiere ich mich stark an Regeln, die andere Leute aufgestellt haben? Erledige ich Routinen, bin aber mit den Gedanken ganz woanders? Konzentriere ich mich voll auf meine gerade aktuelle Tätigkeit – das Gespräch, die Kundenpräsentation, das Abendessen mit der Familie? Oder bin ich ständig abgelenkt, überfordert, emotional unbeteiligt, auf vielen geistigen »Baustellen« gleichzeitig? Habe ich das Gefühl, privat und beruflich am richtigen Platz zu sein?

Selbstliebe Habe ich Respekt vor mir selbst – auch vor meinen Fehlern und Schwächen? Brauche ich ständig Lob und Bestätigung, oder kann ich mich selbst ausreichend motivieren? Kann ich meine Selbstliebe in Begeisterung gegenüber anderen Menschen und Dingen transformieren?

♀ Die Ich AG für Frauen

Frauen denken bei »Liebe« meist daran, wie sie geliebt werden können, statt sich selbst zu lieben. Daher verwenden sie viel Energie darauf, Bestätigung, Lob, Sicherheit und Geborgenheit von anderen zu bekommen. Die Taktik: gefälliges Aussehen, Schmuck, Koketterie, Konfliktvermeidung, Manieren, Bescheidenheit und Ja-Sagen. Dafür erhoffen sie sich Zuneigung oder – im Beruf – Anerkennung. Und was bekommen sie stattdessen? Im Privaten werden Frauen immer noch viel zu oft ausgenutzt, im Beruf benachteiligt, übergangen oder gemobbt. Bleibt also die traurige Erkenntnis: Die Strategie, sich Liebe (im Beruf verstanden als Erfolg und Respekt) mit Wohlverhalten zu »erkaufen«, funktioniert nicht! Stattdessen sollten Sie schnellstens Ihre Ich AG aufbauen: Definieren Sie mithilfe dieses Buches Ihre Lebensvision und Ziele, erkennen und nutzen Sie Ihre Stärken, üben Sie sich im Konflikt und zeigen Sie Ihre hübschen Zähne (nicht als Lockmittel beim Flirt, sondern als Signal: »Ein Schritt weiter, und ich beiße zu!«). Und wenn Gefallsucht und weiblicher Narzissmus zu hartnäckig sind, dann sprengen Sie Ihre Ketten mithilfe eines Psychologen.

Soziale Kompetenz Begegne ich anderen mit Respekt und Achtung oder mit Neid, Angst oder Dominanzgefühlen? Dürfen andere besser, schöner, erfolgreicher sein als ich? Habe ich Zivilcourage und setze mich für andere ein? Ist meine Wahrnehmung für andere Menschen und für Situationen ausreichend, sodass ich Selbstbild und Fremdbild abgleichen kann? Oder gehe ich instinktlos und isoliert durchs Leben?

Klare Lebensvision und realistisches Selbstbild Erinnern Sie sich an die 20 Fragen aus Kapitel 2, zum Beispiel: Weiß ich, wohin ich mein Leben entwickeln will? In welchen Momenten empfinde ich Glück? In Gegenwart welcher Menschen fühle ich mich wohl? Kenne ich meine Stärken und Schwächen? Kommen meine Stärken in meiner jetzigen Tätigkeit zum Tragen? Was tue ich gegen Defizite, Ängste, fehlendes Selbstvertrauen? Nehme ich Kritik konstruktiv an? Oder lasse ich mich davon unter Druck setzen und manipulieren?

Stärkenprofil

Gehören Sie auch zu den Menschen, die vieles an anderen bewundern, aber selbst nicht unbefangen über ihre Stärken sprechen können? Oder die ihre Stärken gar nicht wahrnehmen, aber zwei Stunden über Ihre Defizite und Schwächen dozieren können? Dann sollten sie die folgenden Seiten besonders sorgfältig lesen und durcharbeiten. Denn das Stärkenprofil ist das unverzichtbare Fundament Ihrer Ich AG. Ohne ein Stärkenprofil werden Sie nicht zur Marke, und Ihre Wirkung auf andere bleibt blass und konturlos. Wenn Sie sich über Ihre Stärken und Schwächen nicht im Klaren sind, haben Sie keine Argumente für eine wirkungsvolle Eigen-PR (siehe Kapitel 4) und werden in Gehalts-, Kunden- oder Auftragsverhandlungen schnell über den Tisch gezogen. Sind Sie sich Ihrer Stärken nicht bewusst, wird Ihr persönlicher Finanzvorstand nicht die gewünschten Einnahmen erzielen (siehe Kapitel 5), können Sie nicht tatkräftig Persönlichkeits- und Wissenslücken mithilfe Ihres Innovationsvorstandes schließen (siehe Kapitel 6) und werden in Netzwerken niemals auffallen (siehe Kapitel 9).

Das Stärkenprofil hat zwei Funktionen: Einmal stattet es Sie mit einem sicheren Gefühl Ihrer Fähigkeiten, Vorzüge und Pluspunkte im täglichen Wettbewerb aus. Zum anderen ist es idealerweise ein nie versiegendes Reservoir von Argumenten, mit denen Sie in jeder beliebigen Situation (Gehaltsverhandlung, Akquise-Telefonat, Zielgespräch mit Ihrem Chef, Vorstellungsgespräch, Rendezvous) bei Ihrem Gegenüber ein lebendiges, sympathisches, kompetentes, vertrauenswürdiges und einprägsames Bild von sich entstehen lassen können.

Um eins klarzustellen: Hier geht es nicht um die Strategien Bluff und Blenderei. Anders als in der schönen Scheinwelt der Werbung fliegt diese Strategie im wahren (Berufs-)Leben meist schnell auf. Das Stärkenprofil dagegen fußt auf Tatsachen. Sie müssen zunächst einmal Ihre vorhandenen Eigenschaften und Fähigkeiten erkennen und diese selbstbewusst beschreiben. Die Summe dieser Eigenschaften und Fähigkeiten ergibt dann Ihre persönliche USP (Unique Selling Proposition, deutsch: Alleinstellungsmerkmal beziehungsweise was macht Sie einzigartig?). An der Börse umschreibt man mit USP die Argumente, warum ein Investor eine Aktie kaufen sollte, warum diese Aktie Wertsteigerung verspricht, und warum sie sich besser entwickeln wird als der Gesamtmarkt und die Wettbewerber.

Bezogen auf die Ich AG passt auch der Begriff Kernkompetenzen: Das ist alles, was Sie gut können, gerne machen und zum Erfolg bringen. Ihr Stärkenprofil (USP) kristallisiert sich anhand folgender Fragen heraus, für die Sie sich jetzt Zeit nehmen können:

1. Welches sind meine herausragenden Charaktereigenschaften? Wie wirken sie sich in konkreten Situationen aus?

. . . .

2. Welche Eigenschaften, Fähigkeiten und Erfahrungen aus meiner Kindheit und Jugend kann ich heute positiv einsetzen?

. . . .

3. Welche Ausbildung habe ich? Wie befähigt mich das zur Lösung aktueller Aufgaben?

. . . .

4. Welche sonstigen Qualifikationen habe ich? Wie kann ich diese einsetzen?

. . . .

5. Was mache ich besonders gerne? Was mache ich besonders gut? Wofür engagiere ich mich mit ganzem Herzen?

. . . .

6. Für welche größeren Projekte und Aufgaben war ich bereits verantwortlich? Wie qualifiziert mich das für die Zukunft?

. . . .

7. Wie gestalte ich mein Privatleben? Was sind die Folgen für meine übrigen Aktivitäten?

. . . .

8. Welche privaten Hobbys, Interessen und Beschäftigungen habe ich? Wie wirkt sich das auf mein Leben aus?

. . . .

9. Welche interessanten Kontakte und Mitgliedschaften pflege ich?

. . . .

Gehen Sie die Fragen und Antworten noch einmal aufmerksam durch und schauen Sie nach, ob die in Kapitel 2 beschriebenen Saboteure (»kann ich nicht, darf ich nicht, soll ich nicht«) am Werk waren. Sie können auch die Fragen Ihres Stärkenprofils an einen guten Freund oder eine Freundin geben (siehe auch Kapitel 8). Sie werden überrascht sein, welches Potenzial andere in Ihnen sehen! Die Beantwortung der folgenden Fragen kann Ihnen ebenfalls helfen:

1. Wie würden andere Menschen mich beschreiben?

   . . . .

2. Deckt sich das mit meinem eigenen Stärkenprofil?

   . . . .

3. Wenn nein, was tue ich dagegen – zum Beispiel durch bessere Selbsterforschung oder Eigen-PR?

   . . . .

Wenn Sie ganz offen und schonungslos mit sich sein wollen, dann erweitern Sie Ihr Stärkenprofil zu einer Stärken-Schwächen-Chancen-Risiken-Analyse (englisch: Strenghts, Weaknesses, Opportunities, Threats = SWOT), die auch Unternehmen bei größeren Projekten gerne aufstellen.

Wenn Sie nun einmal kein Wirtschaftsenglisch beherrschen, jedoch diese Fähigkeit für Ihren Job benötigen, tragen Sie dies in das Schwäche-Feld ein. Das ist ein Fall für den Innovationsvorstand, der für das Erlernen dieser Kompetenz verantwortlich ist. Wenn Sie keine besondere Durchsetzungskraft in schwierigen Situationen haben (Risiken), können Sie sich von einem Coach helfen lassen (siehe Kapitel 10). Mit diesen zusätzlichen Dimensionen wird die Arbeit an Ihrem Stärkenprofil noch wertvoller: Es hilft Ihnen nicht nur dabei, Ihre Schokoladenseite zu finden und zu vermarkten. Es deckt auch Defizite auf, deren Abbau (zum Beispiel durch Weiterbildung, Eigen-PR, Coaching oder psychologisches Training) Ihre Ich AG noch wertvoller macht (siehe Abbildung 7).

Abbildung 7: Ihre persönliche SWOT-Analyse

	Stärken	Schwächen	
Verkaufsargumente für die Eigen-PR (Kapitel 4)	• .... • .... • .... • .... •	• .... • .... • .... • .... •	Bereich des Innovations-Vorstands (Kapitel 6)
	Chancen	**Risiken**	
Job des Vorstandsvorsitzenden (Kapitel 2)	• .... • .... • .... • .... •	• .... • .... • .... • .... •	Aufgaben für Berater (Kapitel 10)

Sprache

Sprache ist bei der Markenbildung unverzichtbar, auch wenn sich Experten über ihren Bedeutungsanteil streiten. Entsprechend viel Geld und Zeit investieren Firmen in Slogans, Claims, Werbetexte und Markennamen; mittlerweile gibt es spezielle Kreativ-Dienstleister, die sich Kunstnamen für Produkte wie Autos, Margarine oder auch Hautcreme ausdenken.

Sprache muss der Situation angemessen sein. Um ein zugegebenermaßen etwas verwegenes Bild zu wählen: In einer wichtigen offiziellen Firmenpräsentation sollten Sie so solide und vertrauenswürdig wirken wie ein Mercedes. Einen Kunden überzeugen Sie vielleicht mit spritzigen und flotten Argumenten à la Ferrari. Ihr Vortragspublikum gewinnen Sie mit einfachen, leicht verständlichen Aussagen im Stile eines VW Golf. Und abends beim Candlelight-Dinner mit Ihrem Lebenspartner können Sie so romantisch wie ein Oldtimer-Cabriolet sein. Fragen Sie sich in jeder Situation, wie Sie Ihr Gegenüber am besten verbal erreichen, denn entscheidend ist nicht, was aus Ihrem Mund herauskommt, sondern was in sein Ohr hineingeht.

Hilfreich ist die Beachtung folgender allgemeingültiger Sprachregeln, die garantiert zu Ihrem Kommunikationserfolg beitragen werden:

- Nutzen Sie die wunderbare Vielfalt unserer Sprache aus. Langweilen Sie Ihr Gegenüber nicht mit abgedroschenen, beschönigenden oder irreführenden Formulierungen. Wortwiederholungen ermüden.
- Kurze Sätze fördern das Verständnis. Sie haben es nicht nötig, mit Schachtelsätzen und komplizierten Konstruktionen Eindruck zu schinden oder von der Belanglosigkeit Ihrer Aussage abzulenken. Rhetorik-Trainer sagen, dass ein Satz nicht aus mehr als sechs bis neun so genannter Key-Wörter bestehen sollte.
- Orientieren Sie sich im Zweifelsfall lieber an der Alltagssprache. Auch wenn es mancher vielleicht nicht zugibt oder sich selbst nicht traut: Es ist erfrischend und erholsam, einfaches und lebendiges Deutsch zu lesen. Gestelzte Sprache ist nicht mehr zeitgemäß! Sprache soll Klarheit im Denken und Handeln, Selbstbewusstsein und Unaufgeregtheit transportieren. Wer von sich selbst überzeugt ist, der braucht keine sprachlichen Spielereien und Fassaden.
- Setzen Sie Sprache der Situation angemessen ein. Viele Substantive suggerieren Sachlichkeit (wirken bei unangemessener Anwendung aber leicht spröde), Verben stehen für Aktivität und Motivation, Adjektive heben die Besonderheit einer Sache hervor.

- Bremsen Sie sich bei hohlen Adjektiven und Adverbien, denn Sie wecken den Verdacht, dass die Wahrheit anders aussieht. Es muss nicht alles »dynamisch«, »konsequent«, »innovativ«, »zukunftweisend«, »eindrucksvoll«, »renommiert«, »attraktiv« und »intensiv« sein, um zu beeindrucken.
- Gehen Sie sparsam um mit Superlativen wie »absolut«, »sehr«, »wichtigsten«, »international bekanntesten«, »hochkarätigstes«, »ideal«.
- Vermeiden Sie Übersteigerungen und unnötige Dopplungen, denn Sie können als Unsicherheit des Sprechers interpretiert werden. Beispiele: »deutlich ausgebaut«, »qualitativ hochwertig«, »weiter intensiviert«, »weitaus bekannteste«.
- Schwächen Sie Ihre Aussage nicht mit »Weichmachern«. »Ich möchte, ich glaube, vielleicht, eigentlich ...« nehmen der von Ihnen beabsichtigten Wirkung ebenso den Wind aus den Segeln wie das häufig verwendete »man«. Nicht »man sollte etwas tun«, sondern »ich bin dafür, dass wir hier etwas unternehmen, und zwar ...«.
- Versuchen Sie aktiv zu formulieren: Statt »Sie haben uns veranlasst, einen konsequenten Wandel in unserer Vertriebsstrategie einzuleiten, der durch diverse Maßnahmen zur Rentabilitätsverbesserung gekennzeichnet war.« ist besser: »Deshalb haben wir unsere Vertriebsstrategie überdacht und verbessert. Im Mittelpunkt stand eine höhere Rentabilität.«
- Gehen Sie sparsam mit modernem Marketingvokabular und Anglizismen um. Der zu häufige Gebrauch von Ausdrücken wie »Teamspirit« oder »Feedback« wirkt schnell lächerlich.
- Meiden Sie Füllwörter, die das Urteil des Gegenübers vorwegnehmen: zum Beispiel »zweifellos«, »selbstverständlich«.
- Drängen Sie die Bürokratensprache zurück: Statt: » Die Folge ist ein sinkendes Preisniveau« ist besser »Die Folge sind niedrigere Preise« oder »Folglich sinken die Preise«. Statt »zugunsten einer

verbesserten Ertragssituation« ist besser »zugunsten höherer Erträge«.

- Entschuldigen Sie sich nicht – schon gar nicht für Selbstverständlichkeiten. Darunter fällt zum Beispiel die Bestellung bei einem Kellner, die Bitte an einen Mitarbeiter, etwas zu bringen, der Beratungswunsch an eine Verkäuferin im Laden.
- Nehmen Sie Lob und Komplimente einfach an – ein »Danke, das freut mich aber« kombiniert mit einem Lächeln wirkt viel sympathischer als Tiefstapeln à la »Ach nein, so toll ist das doch gar nicht«.
- Verschanzen Sie sich nicht hinter anderen (»Herr XY meint auch, dass wir ...«). Sagen Sie, was Sie denken und stehen Sie dazu.
- Vermeiden Sie Fachchinesisch. Die meisten Gesprächspartner sind Generalisten mit eher in die Breite als in die Tiefe gehendem Wissen.

♀ Die Ich AG für Frauen

Obwohl das Sprachzentrum im weiblichen Gehirn deutlich stärker ausgeprägt ist als bei Männern, verstehen Frauen es noch viel zu wenig, dieses naturgegebene Talent für ihren Erfolg einzusetzen. Mädchen und Frauen lesen mehr, sie werden kommunikativer erzogen, wählen häufiger Kommunikationsberufe – und tappen doch immer wieder in dieselben Sprachfallen:

- Weichspülen: Bloß nicht zu forsch seine Meinung sagen! Wenn Sie als Frau inflationär mit Formulierungen umgehen wie »ich denke«, »man könnte vielleicht«, »eigentlich wäre das ja«, »also ich bin mir da nicht ganz sicher, aber ...«, brauchen Sie sich nicht zu wundern, wenn die Männer denken: die kann man nicht ernst nehmen, die hat's nicht drauf!
- Eigensabotage: Da hat man sich einmal zu einer klaren Aussage

durchgerungen, und dann machen wir sie uns gleich wieder kaputt. Beispiel: »Ich plädiere für eine Neugestaltung unseres Vertriebs und habe dazu auch schon ein Konzept ausgearbeitet.« Die Rednerin blickt in staunende, überwiegend skeptische oder abweisende Gesichter. Und dann kommt's: »Aber man kann das natürlich auch anders sehen, und vielleicht sollten wir erst andere Meinungen sammeln.«

- Imitation: Sie haben ein teures Rhetorik-Seminar »Power-Talking – so reden die Erfolgreichen« besucht. Nur dumm, dass hier Männersprache gelehrt wurde und Sie als Frau danach künstlich, aufgesetzt und unausgewogen wirken.
- Nebelkerzen: Sie bekommen nur das, was Sie wollen, wenn Sie es klar aussprechen. Sagen Sie nicht »Also ich finde, dass generell Mitarbeiter auch einmal eine Anerkennung für ihre Leistung bekommen sollten.« Sagen Sie: »Chef, ich habe jetzt zwölf Monate lang hart und gut gearbeitet. Ich möchte eine Gehaltserhöhung.«
- Fragehemmung: In einer Kindersendung singt man »Wieso, weshalb, warum – wer nicht fragt bleibt dumm«. Nur dumm, dass Frauen sich oft nicht zu fragen wagen – aus Angst, für dumm gehalten zu werden. Ein Teufelskreis!
- Abwerten: »Ihre Analyse ist wirklich top, Frau XY.« Kaum hat der Chef geendet, tönen Sie »Ach nein, das war mehr oder weniger Zufall, dass ich diesen anderen Fall gefunden habe, an dem man so viel für unser Problem lernen konnte.« Oder: »Na ja, die Arbeit meines Vorgängers war aber schon so gut, da musste ich gar nicht mehr viel machen.« Glauben Sie, das hinterlässt eine positive Spur im Gedächtnis Ihres Gegenübers?

Nachdem Sie sich nun intensiv mit der Bedeutung von Sprache für die Markenbildung Ihrer Ich AG beschäftigt haben, müssen Sie allerdings noch Folgendes berücksichtigen: Ihre Wirkung, Ihr Image und

Ihr Erfolg hängen nur zu einem gewissen Teil davon ab, was Sie sagen. Entscheidend ist auch, wie Sie es sagen (Stimme, Tonfall) und wie Sie dabei aussehen (Körperhaltung, Mimik, Gestik, Kleidung). Für Stimme und Tonfall gilt: Die Vorgaben von Mutter Natur können Sie leider nur bedingt verändern, aber schon einige einfache Tipps erzielen große Wirkung:

Einen Ton tiefer geht immer. Tiefe Stimmen wirken überzeugend, angenehm und vertrauenswürdig. Hohe Stimmen wirken schwach, schrill, unsicher, unangenehm. Je nach Ihrer Stimmlage sollten Sie sich in wichtigen Situationen (Telefonat, Präsentation, Verhandlung) bemühen, einen Ton tiefer zu sprechen – allerdings ohne lächerlich gekünstelt zu wirken. Aus einem Donald Duck macht man keinen Lee Marvin. Besonders für Frauen empfiehlt sich Stimmhöhenkontrolle, wenn Diskussionen hitziger werden, oder man sich verbaler Angriffe erwehren muss.

Das Tempo der Situation anpassen. Einer meiner früheren Chefs sprach immer ganz langsam, wenn es unangenehm wurde. Andere überschlagen sich dann förmlich. Schnelles Sprechen kann Engagement oder Unsicherheit signalisieren, langsames Tempo Kompetenz oder Langeweile. Da es keine allgemeinen Regeln gibt und das Sprechtempo auch immer im Gesamtbild mit Inhalt und Körpersprache wirkt, sollten Sie sich einfach nur der unterschiedlichen Wirkungen bewusst sein – und sie gezielt einsetzen.

Lächeln »hört« man. Nicht nur, aber ganz besonders am Telefon »hört« man Ihr Lächeln. Ganz klar gilt dies bei der Nennung Ihres Namens. Bellen Sie ihn in den Hörer, sodass der Anrufer sich gleich wie ein Störenfried fühlt? Auch Abwimmeln geht mit Lächeln viel eleganter: »Herr XY, seien Sie mir nicht böse (lächeln!), aber im Moment ist bei mir Land unter. Können wir morgen nach der Besprechung über Ihre Sache reden? Das würde mir jetzt sehr helfen. Vielen Dank! (lächeln!)«

Sprechen Sie wie eine Symphonie. Liebhaber klassischer Musik wissen, dass der Reiz eines langen Musikstücks in der Abwechslung liegt.

Laut und leise, forsch und sanft, aufbrausend und kühl, hart und lieblich, eilig und pausiert, betont oder gleichmütig, artikuliert oder verdeckt – all diese Gegensatzpaare aus der Musik finden sich auch in der Sprache. Nutzen Sie je nach Situation die Vielfalt, die die Natur Ihren Stimmbändern gegeben hat. Nehmen Sie die Lehren aus teuren Managementtrainings nicht allzu ernst, die Ihnen eintrichtern, möglichst ruhig und sachlich, doch wenig emotional zu sprechen. An erster Stelle sollten Ihre Authentizität und Identität stehen.

Erscheinungsbild

In unserer Medien- und Spaßgesellschaft spielt das Äußere eine große Rolle. Immer schneller flimmernde Fernsehbilder und abgehackte Radioprogramme, bei denen selbst Nachrichten mit wummernden Bassrhythmen unterlegt werden, führen dazu, dass wir Eindrücke schnell einordnen und Urteile sehr schnell fällen (müssen).

Ihnen geht es doch bestimmt genau so: Die ersten Augenblicke des Zusammentreffens mit anderen Menschen reichen meist schon, und Sie haben eine ausgeprägte Symphatie oder Abneigung gefasst. Das müssen Sie nicht immer bewusst merken; Ihr Unterbewusstsein registriert solche Eindrücke aber blitzschnell und ordnet Ihr Gegenüber in eine Schublade ein: nett – unsympathisch, gefühlsbetont – kalt, harmlos – gefährlich, kompetent – Schwätzer, sexy – unattraktiv. Um aus dieser ersten Einstufung wieder herauszukommen, bedarf es vieler und langer Anstrengungen. Und manch einer schafft es gar nicht – es lebe das Vorurteil!

So wie Sie gewollt oder ungewollt andere Menschen kategorisieren, werden Sie auch von Ihren Mitmenschen in bestimmte Schubladen gesteckt. Deshalb ist es für die Ich AG unerlässlich, sich neben der Sprache auch mit dem äußeren Erscheinungsbild auseinander zu setzen. Denn alle Stärken, Fähigkeiten und inneren Werte nutzen rein gar nichts, wenn Sie sie nicht nach außen tragen können. Ganz genau nehmen wir das im folgenden Kapitel Eigen-PR unter die Lupe. Hier soll es jetzt um Körpersprache und äußere Attribute wie Kleidung gehen.

Firmen haben es längst erkannt: Mit einem stimmigen, passenden äußeren Erscheinungsbild lässt sich das Image in die gewünschte Richtung beeinflussen. Stärken, strategische Kernbotschaften und Corporate Identity einer Firma sollen durch Äußerlichkeiten (hier nicht abwertend gemeint!) unterstrichen werden und ein authentisches Gesamtbild ergeben. In der Wirtschaft nennt man das Corporate Design, und manche Firmen sehen das ganz streng: Da schreibt eine Warenhaus-Kette vor, dass Ihre Verkäuferinnen nur schlichte schwarz-weiße Kleidung tragen dürfen, damit sie den Kunden nicht die Schau stehlen. Ein anderes Unternehmen verbietet Mitarbeitern Sportwagen oder Offroads als Dienstfahrzeuge, weil diese nicht zum seriös-bodenständigen Image der Firma passen. Je größer das Unternehmen, desto mehr Geld kostet es auch, alles – vom Briefpapier über das Eingangsschild bis hin zu den Messe-Stellwänden – auf einen einheitlichen »Look« zu bringen. Doch der Aufwand lohnt: Das menschliche Gehirn verarbeitet die gewonnenen Eindrücke nicht nur auf der Sachebene, sondern sehr stark auch über Emotionen und Wiedererkennungseffekte. Das heißt aber auch: Wenn äußere Attribute, das tatsächliche Auftreten und die interne Kultur eines Unternehmens nicht zusammenpassen, entsteht schnell der (PR-technisch verheerende) Eindruck der Kostümierung, Disharmonie und Unaufrichtigkeit.

Für die Ich AG gilt dasselbe: Nur wenn Ihr Äußeres Ihren inneren Überzeugungen, Zielen und Stärken entspricht, werden Sie zur Marke. Ansonsten bleiben Sie ein Schauspieler, schlimmstenfalls ein Blender, der große Energien investiert, um nicht enttarnt zu werden. Da sollten Sie Ihre Kräfte aber wirklich besser nutzen!

Ihr Erscheinungsbild wird von zwei Ebenen bestimmt:

- genetischen Merkmalen (Gesicht, Körperbau, natürliche Haarfarbe und -beschaffenheit, Augen, Haut etc.),

- Merkmalen der Persönlichkeit (Temperament, Interessen, Neigungen, Überzeugungen).

Um das für die Markenbildung Ihrer Ich AG so wichtige authentische Gesamtbild von Innen und Außen zu erreichen, plädiere ich im Gegensatz zu vielen klassischen Karriereratgebern nicht dafür, dass Sie Ihr Äußeres zwingend der jeweiligen Umgebung anpassen sollten. Vielmehr geht es darum, Ihren wahren Typ überzeugend und erfolgsfördernd zur Geltung zu bringen. Oder anders gesagt: Sie werden auf Dauer in einer beruflichen Umgebung keinen Erfolg und erst recht kein Lebensglück finden, in der Sie sich zu sehr maskieren müssen. Flexibilität und Fingerspitzengefühl sollten Sie schon an den Tag legen in Bezug auf Ihr Äußeres – aber von einer Dauerkostümierung kann ich Ihnen nur abraten.

Nehmen Sie sich jetzt ein wenig Zeit, um folgende Checkliste durchzugehen und bei »Nein«-Antworten gleich über Ihre individuelle Gegenstrategie nachzudenken:

---

1. Haare

- Bin ich mit meiner Frisur zufrieden?

  ....

- Ist meine Frisur von der Qualität und Stilform, die beruflich von mir erwartet wird, und passt sie gleichzeitig zu meinem Typ?

  ....

- Hebt sie die Vorzüge meines Gesichtes und Kopfes hervor?

  ....

- Passt sie zu meinen Lebensgewohnheiten (zum Beispiel Sport, Dienstreisen, Hobbys)?

  ....

2. Gesicht

- Kommt mein Gesicht durch passende Frisur und Kleidung vorteilhaft zur Geltung?

  . . . .

- Ist meine Haut gesund und gepflegt?

  . . . .

- Bei Frauen: Unterstreichen meine Kosmetik und mein Make-up meinen Typ? Konterkariert mein Make-up auch nicht die Bemühungen, meine seriösen, kompetenten und erfolgreichen Seiten herauszustellen?

  . . . .

- Bei Männern mit Bart: Ist mein Bart gepflegt? Passt er zu meiner Gesichtsform? Verleiht er meinem Gesicht trotz allem eine zugängliche, kommunikative Form, oder wirkt er wie eine Barriere?

  . . . .

3. Körper

- Bin ich – wenn ich einmal gesellschaftliche Schönheitsideale ignoriere – mit meiner Figur im Reinen? Fühle ich mich wohl in meinem Körper?

  . . . .

- Behindert oder unterstützt mich mein Körper bei Berufstätigkeit oder Hobbys?

  . . . .

- Ist mein Körper für meinen Lebensentwurf ausreichend leistungsfähig?

  . . . .

- Pflege ich meinen Körper?

  . . . .

- Höre ich auf die (Warn-)Signale meines Körpers und ändere mein Verhalten? (siehe Kapitel 7)

. . . .

4. Kleidung

- Habe ich ausreichend angemessene Kleidung für die wichtigsten immer wiederkehrenden Anlässe in meinem Alltag?

. . . .

- Fühle ich mich in jeder Lebenslage wohl in meiner Kleidung?

. . . .

- Sind meine Kleider von der Qualität und Stilform, die beruflich von mir erwartet wird, und passen sie gleichzeitig zu meinem Typ?

. . . .

- Unterstützt mein Outfit die Kernbotschaften meiner Ich AG? Oder klafft eine Schere zwischen Schein und Sein, sodass ich nicht überzeugend wirke?

. . . .

- Ist mein Kleiderschrank nach dem Motto »Lieber etwas weniger, dafür aber sehr gut« zusammengestellt?

. . . .

- Von welchen Kleidungsstücken sollte ich mich trennen, weil sie nicht zu mir passen oder mir ein schlechtes Tragegefühl vermitteln?

. . . .

- Mit welchen individuellen Merkmalen und Accessoires kann ich meine persönliche Note unterstreichen, wenn ich ansonsten strengen Kleiderregeln unterworfen bin?

. . . .

5. Accessoires

- Kenne und habe ich schmückende Accessoires, die die strategischen Kernbotschaften meiner Ich AG unterstreichen und die zu meinem Typ passen?

  . . . .

- Achte ich bei meinem Schmuck, meiner Uhr, meinen Arbeitsutensilien (zum Beispiel Aktentasche, Zeitplaner) auf die Stimmigkeit zu meinem übrigen Auftreten?

  . . . .

- Kenne ich die Fallstricke bei Accessoires, dass zum Beispiel der Lieferant/Mitarbeiter/Berater nicht herausgeputzter sein und kein größeres Auto fahren sollte als der Kunde/Chef/Auftraggeber?

  . . . .

♀ Die Ich AG für Frauen

Man sagt Frauen ja ein besonderes Faible für Äußerlichkeiten nach. Doch Schminken, Sich-Schönmachen und entsprechend kleiden ist nicht nur Jahrtausende alte Tradition, sondern auch ein echter Vorteil – wenn Sie es richtig anstellen. Männer im Geschäftsleben sind meist arm dran. Wenn sie nicht gerade in einer Werbeagentur oder in einer liberalen Firma arbeiten, dann reihen sie sich in die Gruppe der Pinguine ein: gedeckter Dreiteiler-Anzug mit Krawatte. Frauen haben ungleich mehr Möglichkeiten, mit Formen, Farben und Accessoires zu spielen – und sollten das auch tun. Ich hoffe wirklich, dass die in den 1990er Jahren noch propagierte Anpassung an männliche Dress-Codes (anthrazitfarbener Hosenanzug, Slipper, kurze Haare) nun bald der Vergangenheit angehört. Sie sind Frau, und das darf man auch im Geschäftsleben sehen! Wenn Sie genügend Selbstbewusstsein, Charisma und Kompetenz mitbringen – und daran arbeiten Sie ja gerade mit Ihrer Ich AG – werden Sie trotz weiblicher Attribute bei Frisur, Kleidung und Körpersprache nicht weniger ernst genommen. Im Gegenteil: Ihr Erfolg wird wachsen, je gefestigter, stimmiger und unverwechselbarer Sie auftreten. Allerdings sind im Business alle Anklänge an das duldsame Frauchen, das billige Sexualobjekt und die laszive Verführerin tabu.

Sie haben in der Checkliste sicher das Thema Körpersprache vermisst. Weil es so facettenreich und höchst individuell ist, passt es schwer in eine Checkliste. Generell gilt: Der Körper kann der Freund Ihrer Ich AG sein, aber auch der Feind – dann nämlich, wenn er verrät, dass Sie eine Rolle spielen oder nicht an Ihre Stärken und Argumente glauben. Sie kennen das: Man spricht mit einem Menschen und hat das unbestimmte Gefühl, das etwas nicht stimmt, nicht überzeugt. Ein möglicher Grund ist, dass verbale Sprache und Körpersprache nicht zusammenpassen, also unterschiedliche Botschaften ausgesendet haben. Zwei Beispiele: Sie erläutern gerade bei einem Bewerbungsgespräch, warum Sie unbedingt in dieser Firma arbeiten wollen – schauen Ihrem vielleicht künftigen Chef aber nicht in die Augen. Wenn Sie noch nicht einmal das schaffen, wie wollen Sie sich dann mit der ganzen Firma identifizieren? Oder: Sie versuchen Ihren Kunden zu überzeugen, dass Ihr 24-Stunden-Support auch schwierige Computerpannen routiniert, gelassen und zügig löst. Sie selbst wirken aber bei der Präsentation unsicher, fahrig und wenig belastbar – und da soll Ihr Kunde ein Gefühl der Sicherheit bekommen?

Das Phänomen der Körpersprache ist sehr komplex und hat für die unterschiedlichen Situationen höchst spezifische Regeln. Es gibt aber ein Grundraster, mit dem Sie in 90 Prozent aller Lebenslagen gut dastehen – im wahrsten Sinne des Wortes:

Haltung Nichts ist so entlarvend wie die Körperhaltung und die Gangart. Überzeugung und Rückgrat drücken sich über sie genauso deutlich aus wie Desinteresse, Angst, Unsicherheit oder Unaufrichtigkeit. Die negativen Assoziationen werden mitunter noch verstärkt durch übermäßiges Schwitzen und feuchte Hände, was besonders bei Begrüßung und Abschied unangenehm auffällt. Jede Situation erfordert ihre eigene Körperhaltung: Beim Chef sollten Sie aufrecht sein, beim Kunden vertrauenseinflößend und entgegenkommend, gegenüber einem Mitarbeiter frei von Drohgebärden und mit Kollegen offen und kommunikativ. In allen Lebenslagen gilt: Die Körperhaltung beeinflusst die Geisteshaltung – unbewusst, aber massiv.

Mimik Neben der Sprache kann nur noch das Gesicht Botschaften ähnlich fein modulieren. Mund, Augen und Stirnpartie bilden ein Team, das auch ohne Worte dem Gegenüber eine klare Ansage machen kann. Es ist daher schade, wenn Sie Ihre Mimik nicht kommunikationsfördernd einsetzen und gefährlich, wenn Sie ihre Wirkung nicht kennen. Warum halten Ihre Kollegen Sie für schwierig? Nun, vielleicht verziehen Sie oft Ihr Gesicht mit herunterfallenden Mundwinkeln und gerunzelter Stirn. Warum traut Ihr Teamleiter Ihnen nichts zu? Vielleicht schauen Ihre Augen immer unschlüssig und skeptisch. Wieso bekommt Ihr Kollege immer viel interessante Informationen beim Kunden heraus? Er animiert wohl mit wachen, offenen Augen, einem gezielten Öffnen der Lippen und einem aufmunternden Nicken seinen Gesprächspartner zum Reden. Und das wirkungsvollste Mittel der Mimik ist unser echtes, natürliches Lächeln – es öffnet Türen, beruhigt die Gemüter, bildet Vertrauen und entschärft Konflikte.

Gestik Der Einsatz der Hände sagt oft mehr als tausend Worte. Anders als bei der Körperhaltung gibt es bei den Händen eine goldene Regel: möglichst offen, möglichst locker und in schwierigen Situationen möglichst ruhig. Natürlich dürfen (und sollen) Sie in lebhaften Diskussionen Ihre Hände einsetzen. Das verkörpert Engagement, Herzblut und Lebendigkeit. Ihre Handbewegungen sollten positive Assoziationen wecken, vermeiden Sie deshalb nervöses Nesteln an irgendwelchen Gegenständen, Nagelknipsen, Gelenkknacken, Bart- und/oder Haarzupfen, Verstecken (hinter dem Rücken, unter den Oberschenkeln oder Achselhöhlen, in den Taschen), Drohgebärden, Zeigefinger auf Dritte richten etc.

Blickkontakt Souveräne, sympathische Wirkung entsteht nicht ohne Blickkontakt (wobei hier natürlich nicht das unangenehme Fixieren gemeint ist). Wer anderen nicht in die Augen schauen kann, wirkt unehrlich, unsicher, uninteressiert, unsympathisch, ängstlich oder auch verschämt. Mit dem Blickkontakt öffnen wir dem anderen Zutritt in unser Inneres. Man kann viel schauspielern und vertuschen, in den Augen aber sehen viele Menschen die Wahrheit. Wenn Sie generell Menschen nicht in die Augen sehen können, dann sollten Sie dies mit einem Coach oder Therapeuten besprechen. Sind Sie nur bei bestimmten Personen blockiert, dann fragen Sie sich: Wo habe ich ein Problem mit Herrn X oder Frau Y und wie kann ich es lösen? Warten Sie nicht länger damit: Augen-Kommunikation ist etwas so Reiches und Schönes – nicht nur beim Flirt!

♀ Die Ich AG für Frauen

Körpersprache kann eine böse Falle für Frauen sein. Typisch weibliche Fehler sind:

- geduckte Haltung,
- Blick von unten nach oben,
- vor dem Bauch verschränkte Hände, kombiniert mit schräger Kopfstellung (Klein-Mädchen-Haltung),
- flacher Atem, kein Kontakt mit dem eigenen Bauch,
- Beschwichtigungslächeln,
- ständiges Spielen mit den Haaren,
- Dauernicken, auch wenn der Gesprächspartner nur Unsinn erzählt.

Die Botschaften, die dahinter stehen, träufelt man Frauen seit Jahrtausenden ins Ohr: sei unauffällig, ecke nicht an, nimm nicht so viel Raum ein, gefalle, bestätige den anderen (den Mann), kritisiere nicht, sei unterwürfig, fühle nicht deine Mitte und deine Stärke. Erst wenn Sie diese Programmierung in Ihrem Kopf durchbrechen, werden Sie auch andere Körperhaltungen einnehmen können. Alles andere ist bloß antrainiert und aufgesetzt. Fragen Sie daher vor dem »Wie?« (Wie kann ich überzeugend und stark wirken?) nach dem »Warum?« (Warum habe ich als Frau eine solche Körperhaltung? Welche gesellschaftlichen Muster stehen dahinter, und wie kann ich mich aus ihnen lösen?). Das ist langwieriger, aber ungleich effektvoller und überzeugender.

Aufmerksamkeit

Wenn Sie beim Friseur oder im Wartezimmer eines Arztes auch gerne einmal eine Lifestyle- oder Klatschzeitschrift in die Hand nehmen, dann erfahren Sie daraus: Die oberen Zehntausend achten sehr genau darauf, mit wem und an welchen Orten sie sich sehen lassen. Für den einen ist der Skiurlaub in einem Nobelort in den Alpen obligatorisch, ein anderer fehlt niemals beim Weltwirtschaftsforum in Davos, wieder andere verpassen keine Verleihung des Goldenen Bären, und auch Benefiz-Galas haben übers Jahr verteilt ihre treuen VIP-Besucher.

»Nicht meine Liga« sagen Sie jetzt vielleicht. Mag sein. Aber das Prinzip von »sehen und gesehen werden« können Sie trotzdem anwenden – in Ihrem ganz persönlichen Umfeld und mit größtem Nutzen für Ihre Ich AG. Ein paar Beispiele:

- Sie sind auf einem Fachkongress? Stehen Sie nicht in der Ecke herum, sondern versuchen Sie, ein paar Worte mit dem Hauptredner zu wechseln. Vielleicht ergibt sich daraus ein interessanter Kontakt. Auf jeden Fall aber werden Sie an der Seite von Leitfiguren wahrgenommen – und vielleicht sogar fotografiert und in der Kongressbroschüre verewigt.

- Sie sind Mitglied in einer Berufsorganisation? Nehmen Sie an den Mitgliederveranstaltungen teil – auch wenn Ihnen die Zeit dafür vielleicht zu schade ist. Machen Sie dort auf sich aufmerksam: durch Diskussionsbeiträge, Pausengeplauder, Shake-Hands mit wichtigen Persönlichkeiten.
- Sie sind neu in einer Stadt? Sorgen Sie für Ihre Aufnahme auf die wichtigsten Einladungslisten, zum Beispiel IHK-Neujahrsempfang, Branchenstammtische, Messeeröffnungen.
- Sie wollen in Ihrem Beruf bekannt werden? Planen Sie alle relevanten Messen, Branchentreffs etc. fest in Ihren Jahresterminplan ein. Und machen Sie sich ein Liste, welche Persönlichkeiten aus der Branche Sie in den nächsten Monaten unbedingt persönlich kennen lernen möchten.
- Sie haben gehört, dass sich wieder »tout le monde« aus Ihrer Branche auf dem Oktoberfest, dem Formel-1-Rennen in Hockenheim oder dem Tennistunier am Rothenbaum getroffen hat? Investieren Sie nächstes Jahr Zeit und Geld, um auch dort zu sein – wenn es Ihnen wichtig ist, und Sie sich davon etwas für Ihre Ziele (siehe Kapitel 2) versprechen.
- Sie wollen mit einem eigenen Geschäft in einer Stadt Fuß fassen? Machen Sie die örtlichen Honoratioren auf sich aufmerksam, zum Beispiel Politiker, Journalisten, Wirtschaftsvertreter, Kulturschaffende, Prominente.

Welche Kreise für Sie interessant sind, und mit welchen Maßnahmen Sie auf sich aufmerksam machen können – dazu lesen Sie mehr in Kapitel 4 (Eigen-PR) und Kapitel 9 (Netzwerke).

⌘ Die Ich AG vernetzt

Wie ist die Corporate Identity mit anderen Aspekten der Ich AG verzahnt?

- als Material-Pool für die Eigen-PR: Erst wenn Sie Ihre ganz besonderen Eigenschaften und Stärken kennen, können Sie sie auch konkret vermarkten (siehe Kapitel 4).
- als Konjunkturprogramm für den persönlichen Finanzvorstand: Sie erzielen einen höheren »Preis« am Arbeitsmarkt, wenn Sie Ihre Fähigkeiten gezielt entwickeln und herausstellen (siehe Kapitel 5).
- als Imagekampagne in den persönlichen Netzwerken: Eigenmarketing erhöht Ihre Bekanntheit und Ihr Ansehen in karrierefördernden Gruppen und Zirkeln (siehe Kapitel 9).

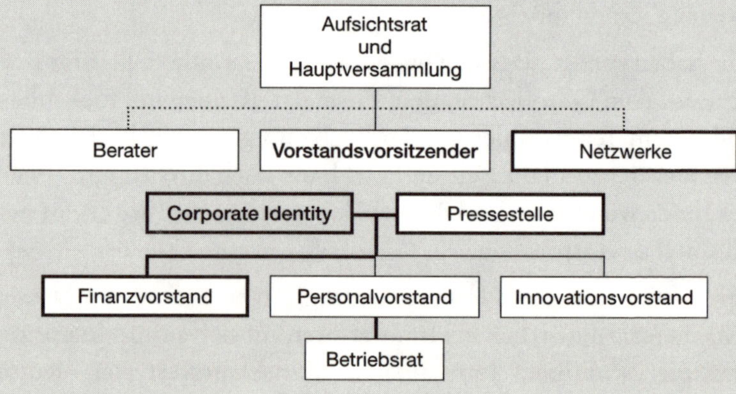

4
Die Pressestelle: Machen Sie die Ich AG bekannt

Öffentlichkeitsarbeit, international Public Relations oder PR genannt, steht und fällt mit den großen Ws: Wer sagt was wem mit welchen Instrumenten und durch welche Kanäle? Welches ist der günstigste Zeitpunkt und was die geeignete Form? Diese goldene Regel gilt für Konzerne ebenso wie für mittelständische Betriebe, kleine Selbstständige – und die Ich AG.

Sie werden jedoch als Einzelner – egal ob angestellt oder selbstständig – nie die Aufmerksamkeit bekommen wie ein Unternehmen mit Tausenden von Arbeitsplätzen und zahlreichen Standorten auf der ganzen Welt. Doch Sie können von den Großen lernen: Was für den Konzern die Pressekonferenz in einem 5-Sterne-Hotel einer Großstadt ist, kann für die Ich AG der erfolgreiche Fachvortrag auf einer Messe oder die Organisation einer Roundtable-Diskussion in der örtlichen Industrie- und Handelskammer sein. Das Porträt über den Konzern-Vorstandsvorsitzenden in einer überregionalen Tageszeitung ist für die Ich AG der Bericht über ein gut gelungenes Jobprojekt in der hausinternen Mitarbeiterzeitschrift. Wenn der Technikvorstand von Siemens, SAP oder Bosch eine Ehrenprofessur von einer bekannten Universität bekommt, werden Sie nächstes Jahr wegen Ihrer Kompetenz (und Ihrer guten Eigen-PR!) im Auftrag Ihres Unternehmens Seminare halten. Solche Beispiele lassen sich in großer Zahl finden. Sie stehen alle unter dem Motto »think global, act local«. Die erfolgreiche Ich AG denkt in großen strategischen Zusammenhängen, arbeitet einen Schlachtplan aus und nutzt dann mit viel persönlichem Einsatz die Eigen-PR-Chancen in ihrer unmittelbaren Umgebung – am Arbeitsplatz, im Freundeskreis, in der Heimatgemeinde, im Berufsverband etc.

Nicht anders gehen vom Prinzip her Unternehmen an die Sache heran. Schauen wir uns doch einmal einen typischen PR-Masterplan eines Konzerns an: Der Masterplan bildet alle Facetten der Unternehmenskommunikation gemäß des eingangs erwähnten W-Satzes ab. Wie planen nun Unternehmen Projekte damit? Ein Beispiel: Einmal im Jahr legt der Vorstand auf der Bilanzpressekonferenz Rechenschaft vor den Medien ab.

Was Zunächst werden die strategischen Kernbotschaften definiert: Wie laufen die Geschäfte? Wie behauptet sich das Unternehmen am Markt? Welche neuen Produkte wurden entwickelt und wie verkaufen sie sich? Konnten neue Kunden gewonnen werden? Gab es personelle Veränderungen in der Führungsspitze? Gab es Probleme, Stellenabbau, Umweltunfälle, Rückrufaktionen oder Ähnliches? Die Antworten auf diese Fragen müssen mit dem übereinstimmen, was das Unternehmen an anderer Stelle schon gesagt hat (One-Voice-Politik) und sollten so gestaltet werden, dass ein zwar wahrheitsgemäßes, aber zugleich möglichst positives Bild der Firma gezeigt wird.

Wem Die PR-Verantwortlichen erstellen eine Liste der Journalisten, die zur Pressekonferenz eingeladen werden und mit denen man eventuell anschließend noch Einzelinterviews führen möchte.

Wie Die Kernbotschaften müssen mithilfe geeigneter Instrumente den Zielgruppen nahe gebracht werden. Üblicherweise sind dies Pressemeldungen, Rede des Vorstandsvorsitzenden, Präsentationscharts, Pressefotos und Grafiken, CD-ROMs, Fragen-und-Antwort-Listen, Glossare, gebundene Berichte oder Broschüren, Unternehmenswebsites etc.

Wer Öffentlichkeitsarbeit ist heute stark personalisiert. Die Prägung der öffentlichen Wahrnehmung durch das Fernsehen führt dazu, dass Botschaften umso erfolgreicher der Zielgruppe vermittelt

Abbildung 8: PR-Masterplan eines Unternehmens

Was?	Wem?	Wie?	Wer?	Wann?	Wie sieht's aus?
Strategische Kern-botschaften	**Zielgruppen**	**Instrumente und Kanäle**	**Sprachrohr(e)**	**strategische Zeitplanung**	**Corporate Design**
• Firmen-Strategie • Geschäftsentwicklung • Portfolio-Veränderungen • Börsengang • Akquisitionen, De-Investitionen • Produkte/Märkte • Personalien • Erfindungen • Krisen	extern • Wirtschaftsmedien • Fachmedien • Kapitalmarkt • Meinungsbildner • Multiplikatoren • breite Öffentlichkeit • lokale Öffentlichkeit • Kunden • potenzielle Kunden • Personalmarkt • Fachwelt • Geschäftspartner • Wettbewerber intern • Mitarbeiter • Führungskräfte	• Pressemeldung, -konferenz • Hintergrundgespräch • Interview • Finanz-Kommunikation • Multimedia (Internet) • Unternehmensfilm • Innovations-PR • Broschüren/Kataloge • Messen • Werbung • Lobbying • Reden/Beiträge • Club-Auftritte • Personality-PR • elektronische Medien • Advertorials • Sponsoring • Mitarbeiter-Publikationen • Intranet, Rundschreiben • interne Tagungen	• Wer vertritt zu welchen Anlässen das Unternehmen? • Rollenverteilung zwischen Geschäftsführung, PR, Investor Relations und Marketing • Personalisierung von Botschaften • Image	Aktive statt reaktive Kommunikation mithilfe von Agendasetting und Monitoring. Ziele: • Trends in der externen und internen Meinungsbildung früh erkennen und lenken • Themen setzen, statt überrascht werden	Alle Kommunikationsaktivitäten folgen einer festgelegten Optik, die die definierten Kommunikationsziele unterstützt beziehungsweise in Einklang mit der formulierten Corporate Identity steht.

werden, je stärker sie »huckepack« auf einem geeigneten Repräsentanten transportiert werden. Charisma, Medientauglichkeit und Eloquenz sind unerlässliche Eigenschaften von PR-erfolgreichen Managern. Entsprechend bereiten Pressestellen ihre Vorstände durch Sprech-, Moderations- und Kameratraining auf Pressekonferenzen vor.

Wann Der Zeitpunkt der Pressekonferenz ist wichtig: An dem Tag sollte keine größere Veranstaltung in derselben Stadt stattfinden, die die Aufmerksamkeit der Medien ablenkt. Auch kann es von Vorteil sein, innerhalb einer Branche als erstes Unternehmen vor der Konkurrenz vor die Presse zu treten, um größtmögliche Aufmerksamkeit zu erhalten.

Wie sieht's aus? Es gehört heute zum Standard, dass Unternehmen ein Corporate Design haben. Bis ins kleinste Detail sind alle sichtbaren Gegenstände auf einer Pressekonferenz in diesem Design gestaltet – von den Stellwänden hinter dem Podium über die Präsentationscharts bis zum Kugelschreiber für die Journalisten.

Falls Sie jetzt denken: »Das ist doch viel zu kompliziert für mich«, vergegenwärtigen Sie sich, dass dieselben Strukturen und Abläufe wie in der »großen« Unternehmenskommunikation auch auf Ihre Ich AG zutreffen (siehe Abbildung 8).

Strategische Kernbotschaften

Ihre Eigen-PR beginnt mit der Frage nach dem **Was** – Ihren strategischen Kernbotschaften. Damit haben wir uns schon im vorhergehenden Kapitel zur Corporate Identity beschäftigt. Zur Erinnerung: Fragen Sie sich in jeder Situation (zum Beispiel Bewerbungsgespräch, Gehaltsverhandlungen, Präsentation vor Kunden, Vorbereitung auf eine Rede), was Sie besonders auszeichnet. Warum bin ich geeignet, ein wichtiges Projekt in meiner Firma zu leiten? Warum habe ich eine Gehaltserhöhung verdient? Was macht mich so gut für den neuen Job, dass man ihn mir unbedingt geben muss? Wieso bin ich geeignet, in meinem Verein den Vorsitz zu übernehmen? Warum wäre der Konferenzveranstalter gut beraten, mich als Hauptredner zu engagieren? Wieso sollte sich die Traumfrau/der Traummann dort an der Bar in der nächsten Stunde angeregt mit mir unterhalten?

Durchforsten Sie Ihr Gehirn nach guten Antworten auf diese oder andere Fragen, schreiben Sie sie wenn nötig auf und kommunizieren Sie Ihre Antworten Ihrem Gesprächspartner. Es nutzt nichts, dass Sie selbst wissen, wie gut Sie sind. Die anderen müssen es auch wissen.

In zwei Situationen ist die Ich AG besonders gefordert, klare und unmissverständliche Botschaften abzugeben:

- Wenn Sie jemand zum »Kofferträger« machen will, dann sagen Sie »Nein!«. Ein Konzept, das Sie entwickelt haben, eine Strategie, die Sie geplant haben, muss auch Ihren Namen tragen – nicht nur den Ihres Chefs.
- Wenn Kollegen sich hinter Ihrem Rücken verstecken, dann sagen Sie »Nein!«. Sie sind nicht dazu da, im Team oder als Vorgesetzter Fehler oder Faulheit anderer auf Dauer zu decken. Die Misserfolge werden nämlich auch auf Ihr Konto gebucht – und da gehören sie nicht hin.

♀ Die Ich AG für Frauen

»Sei bescheiden und dräng dich nicht in der Vordergrund!« Wer von Ihnen kennt diesen Spruch von seinen Eltern nicht? Gerade Frauen fällt es immer noch viel schwerer als Männern, sich in ein günstiges Licht zur stellen. Frauen sind nach wie vor zu einem viel höheren Prozentsatz davon überzeugt, dass Leistung und Disziplin irgendwann zu Erfolg führen werden. Nur wann? Inzwischen erleben sie ein um das andere Mal, wie männliche Kollegen mit besserer Selbstdarstellung die Aufgabe bekommen, für die sie genauso gut oder sogar viel besser qualifiziert sind. Doch hier kommt der Unterschied zwischen »Ich kann und will!« und »Weiß mein Chef, dass ich kann und will?« zum Vorschein. Es bleibt Ihnen nichts anderes übrig, als mit den psychologischen Negativbotschaften aus der Kindheit aufzuräumen. Das ist nicht einfach, aber es geht, wenn Sie es wirklich wollen – mit allen Konsequenzen, die eine solche Verhaltensänderung bei Ehemann oder Freund, Bekannten, Kollegen und Vorgesetzten provozieren kann. Und es ist überhaupt kein Zeichen von Schwäche, sich dabei von einem Profi helfen zu lassen. Sie werden es als Befreiung empfinden.

Zielgruppen

Wer sind nun »die anderen«, die von Ihren Pluspunkten wissen sollten? Natürlich nicht wie bei Unternehmen in erster Linie Medien und Aktionäre. Die Zielgruppen der Ich AG sind viel facettenreicher und bunter. Schauen wir uns an, warum manche Leute einfach wichtig für uns sind:

Vorgesetzte Chefs entscheiden über Gehälter, Prämien, Aktienoptionen. Sie schreiben Beurteilungen, die Voraussetzungen dafür sein können, ob Sie befördert werden oder in die Firmen-Fortbildungsakademie aufgenommen werden. Vorgesetzte vergeben interessante Projekte, entscheiden über Projektbudgets und haben das letzte Wort, wer für ein halbes Jahr in die neue Niederlassung nach New York geht. Chefs können in der Regel viel, allerdings nicht Gedankenlesen. Sie benötigen für ihre Personalentscheidungen Informationen, die nur Sie Ihnen geben können. Berichten Sie daher regelmäßig über Ihre Erfolge und Initiativen. Haben Sie gerade heute am Telefon ein dickes Lob von einem Kunden bekommen? Lernen Sie seit einem Jahr abends Italienisch? Haben Sie einen Verbesserungsvorschlag, um die Abteilung effizienter zu organisieren? Kann einer Ihrer Bekannten für Ihre Firma einen interessanten Geschäftskontakt herstellen? Warten Sie nicht, dass jemand Ihnen dieses Know-how an der Nasenspitze ansieht. Reden Sie von sich aus darüber.

Kollegen Kollegen sind eine wichtige Zielgruppe, denn sie haben Einfluss auf Ihr Image im Unternehmen. Spricht der »Flurfunk« über Sie? Und wenn ja, wie? Gelten Sie als blasse Gestalt, deren Fähigkeiten keiner so recht einschätzen kann? Oder erzählt man sich von Ihren Erfolgen? Der Kollege von heute kann morgen schon ein Katalysator für Ihre Karriere sein, zum Beispiel wenn er selbst in eine aufstrebende Abteilung befördert wird und seinem neuen Chef empfiehlt, auch Sie dorthin zu holen. Oder wenn ein Kollege selbst kein Interesse an der vakanten Position in einem anderen Unternehmen hat, den Headhunter aber an Sie weiter verweist. Solche Empfehlungen setzen allerdings voraus, dass Kollegen neben Anerkennung auch noch Sympathie für Sie empfinden.

Peer Group Wer in einer bestimmten Branche tätig ist – ob als Arzt, Ingenieur, Berater oder Wissenschaftler – der muss sich dem Vergleich mit Leuten in ähnlicher Position stellen – und das oft weltweit. Man kennt sich, man trifft sich auf Kongressen, Fachtagungen oder als direkte Wettbewerber um einen Auftrag. Es wird mit- und übereinander gesprochen, Informationen werden ausgetauscht, und Sie erfahren Wissenswertes. Ihre Peer Group sollte Sie kennen und Ihre Fähigkeiten richtig einzuschätzen wissen. Ist das der Fall, erwachsen aus solchen Kreisen interessante Kontakte, Informationen, Geschäftschancen und Empfehlungen.

Kunden Ob selbstständig oder angestellt – fast jeder hat in irgendeiner Form Kunden und muss um ihre Gunst und Loyalität kämpfen. Beim Führen einer eigenen Firma ist dies am offensichtlichsten, denn das gute Image beim Kunden sichert bestehende Aufträge, erhöht die Chancen auf weitere und kann zu einer geschäftsfördernden Mundpropaganda führen. Diese ist oft wirkungsvoller und mit Sicherheit billiger als Anzeigen oder sonstige Formen der Werbung. Auch als Angestellter sollten Sie Ihren Ruf beim Kunden pflegen. Unternehmen werden nun einmal von Personen repräsentiert, und die Faktoren Kompetenz, Servicebereitschaft und Kommunikationsfähigkeit entscheiden beim Kunden mit darüber, ob er Ihrer Firma treu bleibt. Es ist nicht ausgeschlossen, dass Ihnen Ihr Kunde irgendwann einmal einen lukrativen Job anbietet, wenn er von Ihnen überzeugt ist.

Potenzielle Arbeitgeber Ab einer bestimmten Karrierestufe werden Jobs immer seltener in der Zeitung inseriert; die Suche erfolgt über Headhunter oder Netzwerke. Headhunter leben von Informationen über geeignete Kandidaten und von Empfehlungen. Lassen Sie also möglichst viele Menschen von Ihrem Kow-how, Ihren jüngsten Qualifizierungsmaßnahmen und Berufserfahrungen wissen. Dann steigt die Chance, dass das Telefon klingelt und man Ihnen eine tolle Position anbietet. Sie können sich auch selbst an Personalberater wenden und Ihr Profil dort hinterlegen. Nehmen Sie Ihr Schicksal in die Hand, anstatt zu warten, bis Sie entdeckt werden.

Multiplikatoren Das ist im Prinzip jeder, der gut über Sie redet, weil er durch Ihre geschickte Eigen-PR auf Sie aufmerksam geworden ist. Im engeren Sinne sind Multiplikatoren Menschen, die im Unternehmen, in Ihrer Branche oder an Ihrem Standort etwas zu sagen haben und Einfluss auf die Meinungsbildung anderer ausüben. Im Unternehmen sind dies beispielsweise Vorgesetzte, der Personalchef, Betriebsräte, Frauen- oder Innovationsbeauftragte, (Chef-)Sekretärinnen oder Aufsichtsräte. Meinungsmacher in einer Branche sind unter anderen Verbandsfunktionäre, Fachjournalisten, Lobbyisten oder Unternehmensberater. Brauchen Sie vor Ort ein gutes Image, dann denken Sie vor allem an IHK-Mitarbeiter, örtliche Politiker und Lokaljournalisten.

Medien Diese Zielgruppe hat die Aufgabe, die »Botschaften« Ihrer Eigen-PR zu einer enorm großen Zahl von Adressaten zu transportieren – und das meist völlig untentgeltlich. Nirgends ist die Input-Output-Relation so günstig wie hier; allerdings sind Aufmerksamkeit und Berichterstattung in den großen überregionalen Medien für die meisten Ich AGs ein sehr ambitioniertes Ziel – aber es geht, wie weiter unten gezeigt wird. Zielgerichteter und mit einer höheren Erfolgswahrscheinlichkeit platzieren Sie sich in Fachmedien, die speziell über Ihre Branche oder Dienstleistung berichten.

Finanzmarkt Große Aktiengesellschaften kämpfen an mehreren Fronten: Analysten sollen ihre Aktie zum Kauf empfehlen, Investoren weiterhin die Gesellschaft unterstützen, Ratingagenturen für eine positive Beurteilung sorgen, und Banken werden für die Finanzierung von Geschäftsvorhaben gebraucht. Auch die Zielgruppe Finanzmarkt müssen Sie bearbeiten. Sie sind selbstständig oder planen ein Start-up und benötigen Kapital? Dann überzeugen Sie die Bank von Ihrem Konzept und Ihrer Verlässlichkeit. Sie haben große Pläne mit Ihrer kleinen Garagenfirma und benötigen einen starken Partner? Dann sollte Ihre Eigen-PR besonders auf den Markt der Risikokapitalgeber zielen. Sie sind selbstständig und Ihre Bank fordert von Ihnen, ein Rating erstellen zu lassen? Um dabei eine gute Note und künftig noch Kredit zu bekommen, müssen Sie die Vorzüge und die Zukunftsfähigkeit Ihrer Firma überzeugend darstellen können.

Netzwerke Sie können ähnlich wie Multiplikatoren dafür sorgen, dass Sie nicht jedem persönlich von Ihren Pluspunkten erzählen müssen, sondern dass Ihre Eigen-PR sich in einer Art Kettenbrief-Effekt Gehör verschafft. Der Vorteil von Netzwerken liegt in der Natur des Netzes. Jeder Knoten, das heißt jede Person, die von Ihnen erfährt, ist mit mehreren anderen Knoten verbunden, die wiederum mit zahlreichen Knoten zusammenhängen. Interessante Netzwerke für die Ich AG sind Unternehmerverbände, Berufsverbände, firmeninterne Zirkel und Arbeitsgruppen, Vereine, Industrie- und Handelskammern oder Clubs. Wie man richtig »netzwerkt«, steht in Kapitel 9.

Freundeskreis »Mein Privatleben und der Beruf sind sauber voneinander getrennt.« Diese Einstellung ist sicher von Vorteil, um sich nicht auch noch in der Freizeit vom Beruf vereinnahmen zu lassen. Abschalten und einmal andere Gedanken im Kopf zuzulassen sind wichtige Entspannungsübungen, aus denen Sie neue Kraft schöpfen. Die Trennung von Privat- und Berufsleben heißt aber nicht, dass Freunde und Bekannte aus dem Informationsfluss der Ich AG ausgeschlossen werden sollten. Im Gegenteil: Im Freundeskreis findet man oft tieferes Verständnis, kreativere Tipps und ehrlicheres Feedback als bei Kollegen oder sonstigen Berufskontakten. Glücklich der, der einen bunt gemischten Umgang mit den unterschiedlichsten Altersstufen, Charakteren und Berufsinhabern pflegt. So kann man über den Tellerrand hinausschauen und auf neue Ideen kommen. Und wenn doch einmal aus einem Gespräch unter Freunden eine geschäftliche Chance entsteht, geht das auch in Ordnung. Solange beide Seiten profitieren, kann Eigen-PR im Bekanntenkreis gar nicht zum Egotrip werden.

Familie An letzter Stelle dieser Aufzählung steht sie nur, damit ihr besondere Aufmerksamkeit zukommt. Partner, Kinder und enge Verwandte sind mit die wichtigste Zielgruppe der Ich AG. Denn nur wenn Ihre engsten Vertrauten verstehen, was Sie machen, welches Ihre Ziele sind und wie Sie diese erreichen wollen, dann können sie den Weg mit Ihnen mitgehen. Wenn Sie Ihrem Partner erklären, dass momentan viele Überstunden anfallen, weil Sie ein wichtiges Projekt gut abschließen möchten und dann auf eine Beförderung hoffen, dann können Sie einen wertvollen Komplizen für dieses Ziel gewinnen. Verständnis und Unterstützung statt allabendliche Vorwürfe! Einzelkämpfer vernachlässigen eines der wertvollsten Potenziale auf dem Weg nach oben: den Rückhalt und die Kraftquellen, die aus engen persönlichen Beziehungen kommen. Die Familie ist der einzige Raum, in dem Sie risikolos Schwäche und Zweifel zeigen können, aufgefangen, getröstet und wieder motiviert werden. Außerdem nutzt die beste Strategie der Ich AG nichts, wenn Sie sie nicht mit den Bedürfnissen und Vorstellungen Ihrer Familie abgestimmt haben. Allzu viele sind schon auf dem Berggipfel angekommen um festzustellen, dass sie allein sind. Ihnen soll es nicht so gehen. Mehr dazu steht im Kapitel 7.

Persönliche Kommunikationskompetenz

Sie haben sich ihre strategischen Kernbotschaften aufgeschrieben und überlegt, wer stärker über Ihre Vorzüge und Fähigkeiten informiert sein sollte. Nun steht die nächste Aufgabe an: Wie kommen die Botschaften der Eigen-PR an das richtige Ziel? Hier öffnet uns die Unternehmenskommunikation eine Schatztruhe, aus der wir uns bedienen können. Doch bevor es richtig losgehen kann, sollten Sie noch Folgendes berücksichtigen:

Die Basis, auf der Ihre Eigen-PR steht, ist die persönliche Kommunikationskompetenz. So wie das Corporate Design (das persönliche Erscheinungsbild, das wir uns im vorherigen Kapitel angeschaut haben) Einfluss auf Ihr Image hat, tragen auch Sprache und persönliche Einstellung in einer bestimmten Situation entscheidend zum Erfolg der Ich AG bei. Denn dass wir alle ständig kommunizieren, sagt noch nichts über unsere Kommunikationskompetenz aus. Damit ist der Grad des Erfolges gemeint, mit der Botschaften gehört und verstanden werden. Wichtig ist, dass in einer Situation genau das Gesagte auch verstanden wird. Eine wichtige PR-Regel besagt: Die Nachfrage stimmt, wenn das Angebot stimmt. Oder: Der Wurm muss dem Fisch schmecken, nicht dem Angler.

Neben Sprache tragen Faktoren zu Ihrem Kommunikationserfolg bei, die nicht auf Fachkompetenz, Expertenwissen und intellektuellen Fähigkeiten beruhen. Vielmehr sind Dinge entscheidend, die ganz stark von Ihrer inneren Einstellung bestimmt werden.

1. Gehen Sie mit Widerwillen oder motiviert und gut vorbereitet in ein Meeting? Entsprechend verändern sich Mimik, Gestik, Stimme und Händedruck. Ihr Gegenüber – womöglich noch ein Multiplikator! – nimmt das bewusst oder unbewusst wahr und wird in seinem Urteil über Sie beeinflusst.

   . . . .

2. Wollen Sie bei jedem öffentlichen Auftritt am liebsten im Erdboden versinken? Sind Ihnen die Menschen mit den fragend-skeptischen Gesichtern lästig? Oder präsentieren Sie sich offen und dialogbereit?

   . . . .

3. Kommt Ihnen Ihr Gegenüber in einem innerbetrieblichen Streitgespräch oder einer öffentlichen Podiumsdiskussion als Duellgegner oder als respektierter Partner vor?

   . . . .

All diese inneren Einstellungen sind im Spiel, wenn Sie mit anderen Menschen zusammenkommen. Mit einem freundlichen Gesichtsausdruck, einer Offenheit und Kommunikationsbereitschaft signalisierenden Körpersprache, einer festen Stimme und einer hierarchiefreien Gesprächsumgebung können Sie die Macht des ersten Eindrucks positiv für Ihre Ziele einsetzen (siehe Kapitel 3). Wie wichtig das ist, verdeutlichen aktuelle Forschungsergebnisse aus der Psychologie: Nur den Bruchteil einer Sekunde braucht der Mensch, um ein ausgeprägtes Vorurteil zu fassen. Die Folgen solch blitzschneller psychologischer Prozesse für Image und Kommunikationserfolg von Personen sind also nicht zu unterschätzen – zumal die Befürchtung angebracht ist, dass Vorurteile nur schwer korrigierbar sind. Hoffnung macht indes die Erkenntnis, dass nicht das Aussehen einer Person, sondern ihre Körpersprache die überragende Rolle im Prozess der Urteilsbildung einnimmt. Zur Verbesserung Ihrer Kommunikationskompetenz berücksichtigen Sie bitte folgende Punkte:

- Bereiten Sie sich auf jeden wichtigen Kontakt sorgfältig vor. Sammeln Sie Informationen über Ihren Gesprächspartner. Sie haben dann gleich Gesprächsstoff für die Begrüßung und den anschließenden Small Talk.
- Schaffen Sie ein positives Gesprächsklima. Dieses hängt unter anderen von Treffpunkt, Geräuschkulisse, Bewirtung, Sitzordnung und Sitzkomfort ab. Niemand mag eine Designercouch, wo er tief einsinkt und ihm die Knie bald am Kinn anschlagen.
- Geben Sie dem Gesprächspartner Ihre Visitenkarte. Besonders wichtigen Personen zeigen Sie Ihre Wertschätzung, wenn Sie ihnen zusätzlich Mobil- und Privatnummer nennen.
- Prägen Sie sich den Namen Ihres Gegenübers ein und reden Sie ihn auch direkt an. Das drückt besonderes Interesse an seiner Person aus.
- Bemühen Sie sich um einen locker-souveränen Stil. Weder hierarchisch-belehrendes noch verkrampft um Humor bemühtes Auftreten wirken authentisch und werden bei Ihrem Gegenüber Sympathie wecken.
- Stellen Sie den Kern Ihrer Nachricht immer an den Anfang. Diese Methode wird von Kommunikationsprofis wie zum Beispiel Journalisten angewandt und unterscheidet sich ganz wesentlich von der analytisch-wissenschaftlichen Herangehensweise.
- Nutzen Sie jede Chance des persönlichen Kontakts. Wer Informationen immer nur per Brief, Mail oder Fax in Umlauf bringt, der hat in Wahrheit keine engen Kontakte zu seinen Zielgruppen.
- Konzentrieren Sie sich voll auf das Gespräch – keine Anrufe, keine Besucher, kein Mobiltelefon!
- Vermeiden Sie jeden Beitrag zur unnötigen Reizüberflutung ihrer Zielgruppen. Äußern Sie sich nur, wenn Sie etwas Neues oder

Wichtiges zu sagen haben. Umso größere Aufmerksamkeit wird Ihnen gewiss sein.

- Halten Sie keine Monologe. Achten Sie immer auf das Feedback und ob Sie Ihr Gegenüber noch mit Ihren Worten fesseln können. Gesprächspartner, die innerlich abgeschaltet haben oder zornig über die Zeitverschwendung sind, reden tendenziell weniger positiv über Sie.
- Lassen Sie sich nicht von Ihren Emotionen lenken, wenn Ihnen das Verhalten des Gegenübers missfällt. Auf Regelübertretungen dürfen Sie jedoch hinweisen – ruhig und sachlich. Grenzen ziehen ist erlaubt und bringt Ihnen sogar Respekt ein.
- Klatsch und Tratsch sind gefährlich, wenn Sie Ihren Gesprächspartner nicht wirklich gut kennen. Äußern Sie sich nicht unüberlegt negativ über Dritte. Die Welt ist klein!
- Verboten sind auch Belehrung, Herabsetzung und Killersätze. Beispiele: »Sie haben ja keine Ahnung.«, »Da fehlt Ihnen die Erfahrung.«, »Sie machen wohl Witze?«, »Sie müssen das schon so akzeptieren, ich weiß schließlich, wovon ich rede!«.

Instrumente und Kanäle

Mit professioneller Eigen-PR verfügen Sie über eine Fülle von Möglichkeiten, um Ihre Botschaften an den Mann oder die Frau zu bringen. Manche können Sie en passant erledigen und mit ein wenig Routine hervorragend in Ihren Alltag einbauen. Andere brauchen Planung, Zeit- und Ressourcenaufwand. Gehen wir vom Leichten zum Anspruchsvolleren und schauen dann noch auf Besonderheiten für Angestellte und Selbstständige.

Kontakte

Die erfolgreiche Ich AG ist 24 Stunden am Tag die gleiche Person. Setzen Sie nicht für die eine oder andere Sphäre Ihres Lebens eine Maske auf, hinter der Sie sich verstecken. Die Welt der Ich AG ist integriert, vernetzt, bunt, lebendig und prall gefüllt mit Chancen, Ideen und Kontakten. Jeder dieser Kontakte – ob im Zug oder im Konzert, ob in der Firma oder in der Freizeit – kann für die Eigen-PR genutzt werden. Das heißt nicht, dass Sie von nun an Ihre Mitmenschen pausenlos mit Selbstbeweihräucherung nerven sollen. Es bedeutet, dass jedes noch so kleine Detail positiv oder negativ dazu beitragen kann, wie Ihr Gegenüber Sie sieht und bewertet. Ein paar Beispiele:

Wie klingen Sie am Telefon? Professionell und sympathisch wirken Sie, wenn Sie Folgendes berücksichtigen:

- das Telefon nicht zu lange klingeln lassen,
- sich freundlich mit Ihrem Namen und dem Namen Ihrer Firma beziehungsweise Ihrer Abteilung melden,
- während des Telefonierens nicht auf die Computertastatur tippen (man hört das am anderen Ende der Leitung!),
- nicht essen, trinken oder gleichzeitig mit anderen im Raum Anwesenden sprechen,
- den Anrufer ausreden lassen,
- sich seinen Namen merken und ihn auch so anreden,
- positive Formulierungen statt »Killersätze« wählen (»Ich werde mit meinen Mitarbeitern alles daransetzen, Ihren vorgezogenen Termin zu erfüllen« ist zwar kein 100-prozentiges Lieferversprechen, klingt aber besser als »Nein, das geht jetzt also wirklich nicht. Sie können doch den Termin nicht einfach vorverlegen.«),
- gegen Ende des Gesprächs noch einmal zusammenfassen, was

vereinbart wurde. Hilfreich ist die einfache Frage: Wer macht was bis wann?,

- beim Telefonieren stehen, um den Atem besser fließen zu lassen und Ihre Stimme eindrucksvoller zur Geltung zu bringen,
- lieber Auszeiten nehmen, als Anrufer mitten in der schlimmsten Arbeitsbelastung rüde abzufertigen. Der Anrufer weiß doch nicht, dass Sie gerade »Land unter« haben – also lassen Sie es nicht an ihm aus. Stellen Sie lieber Ihr Telefon für bestimmte Zeiten auf Mitarbeiter oder Kollegen um, denen Sie zu anderen Zeiten diesen Gefallen dann auch einmal gewähren können.

Wie sorgfältig halten Sie es mit Ihrer Korrespondenz? Briefe, Faxe und selbst die kleinste Aktennotiz sagen etwas über den Menschen aus, der Sie geschrieben hat. Die Verwendung der korrekten, im Firmendesign gehaltenen Vorlagen sollte daher ebenso selbstverständlich sein wie das Bemühen, keinen schlampigen, fehlerhaften oder floskelhaft hingeschriebenen Text herauszuschicken. Bewährt hat sich das Vier-Augen-Prinzip zwischen Chef und Sekretärin, aber auch zwischen Kollegen. Wenn Sie Ihre eigene Firma haben oder privat korrespondieren, dann achten Sie bitte auch hier auf höchstes Niveau. Schreibfehler sind in jeder Lebenslage tabu. Und selbst für den kleinsten Betrieb lohnt sich die Anschaffung von hochwertigem Briefpapier und die Entwicklung eines Firmendesigns. Auch im Privatbereich sollten Sie lieber etwas teueres Briefpapier benutzen und keine zu billigen Visitenkarten herausgeben.

Wie wirken Sie auf dem Firmenflur, in der Kantine, auf Events, beim Treffen mit den Nachbarn auf dem Wochenmarkt? Klar, niemand kann immer der strahlende Held sein, und schlechte Tage kennen wir alle einmal. Aber wer häufig lahm, nicht redegewillt und auch launisch auftritt, der braucht alle anderen Möglichkeiten der Eigen-PR erst gar nicht in Angriff zu nehmen. Mit ein paar einfachen Kniffen können Sie jeden zwischenmenschlichen Kontakt zur Verbesserung Ihres Images nutzen (erinnern wir uns an das Thema Körpersprache im Kapitel 3):

- gerade Haltung,
- ruhig-kraftvoller Gang,
- Augenkontakt,
- Lächeln,
- Grüßen – nichts ist schlimmer als Leute, die nur eben einmal »grunzen«, wenn sie andere sehen oder sie ganz ignorieren, etwa im Fahrstuhl,
- angenehm fester Händedruck,
- immer wieder Augenkontakt,
- positive Botschaften (»Ist das nicht ein schöner milder Frühlingstag heute.« statt »Das Brot ist schon wieder teurer geworden.« oder »Ich glaube, das neue Projekt, das wir vergangene Woche gestartet haben, wird die Firma echt weiterbringen.« statt »Wir haben für das neue Projekt keine zusätzliche Stelle genehmigt bekommen. So wird das nie was.«),
- ehrliches Interesse für den anderen (»Wie läuft's bei Ihnen?«),
- Betonen von Gemeinsamkeiten (»Unsere Ergebnisse in dieser Sache sollten wir mal austauschen, das bringt uns beiden etwas.«),
- freundliches Auseinandergehen (»Schön, das wir uns getroffen haben.«, »Schönen Feierabend.«, »Ich rufe Sie morgen an, dann können wir alles weitere besprechen.«).

Wie gehen Sie auf Unbekannte zu? Jeder von uns kennt das: Den Kollegen im Aufzug haben Sie schon einmal gesehen, aber Sie kommen nicht auf seinen Namen. Oder Sie nehmen an einer Großveranstaltung teil, bei der es vorweg einen Stehempfang gibt. Sie kennen dummerweise niemanden. Eine (häufige) Lösung: nichts tun, ins Leere starren und warten, bis es vorbei ist. Die bessere Lösung:

Gehen Sie aktiv auf Menschen zu, stellen Sie sich vor, erzählen Sie kurz von sich und lassen Sie den anderen antworten. Dann können Sie versuchen, kommunikative Brücken zu bauen und Gemeinsamkeiten zu suchen. Das Gespräch im Lift kann so ablaufen: »Hallo, ich habe Sie zwar schon ein paar Mal gesehen, aber wir haben uns noch gar nicht vorgestellt. Mein Name ist Nicole Strauss und ich bin für die Öffentlichkeitsarbeit verantwortlich.« – »Oh, nett Sie kennen zu lernen. Ich bin Peter Bauer und seit drei Wochen im Controlling.« – »Das ist interessant. Kommenden Monat beginne ich mit der Vorbereitung der Bilanzpressekonferenz, und da brauche ich immer ganz frische Zahlen aus dem Controlling.« – »Die laufen alle über meinen Tisch, rufen Sie mich an, wenn Sie was brauchen.« Und schon ist aus dem anonymen Kollegen im Lift eine Verbindung in Ihrem Firmennetzwerk geworden. So leicht geht das!

Meetings

Sie gehören inzwischen zum Arbeitsalltag eines jeden von uns – egal, ob Sie Angestellter oder selbstständig sind. Für viele Leute sind sie notwendiges Übel; für Sie und Ihre Ich AG sind Meetings eine willkommene Gelegenheit zur Eigen-PR, wenn Sie folgende Hinweise beachten:

- Sorgen Sie dafür, dass Sie zu wichtigen Besprechungen, die Ihr Arbeitsgebiet betreffen, auch eingeladen werden.
- Bereiten Sie sich vor, indem Sie sich folgende Informationen beschaffen: Wer kommt? Wer hat die Leitung des Meetings? Gibt es vorab Unterlagen? Gibt es eine Tagesordnung? Wie lange brauche ich von meinem Büro zum Ort der Besprechung? Ist es eher ein informelles Meeting oder nehmen Vorgesetzte, Kunden, Berater teil? Könnte während des Meetings mein spezielles Aufgabengebiet behandelt werden und muss ich Fakten, Unterlagen etc. parat haben? Wie lange wird die Besprechung dauern?

- Nehmen Sie eine Position ein, statt nur Mitläufer zu sein. Können Sie die Besprechung nutzen, um etwas für eines Ihrer Projekte zu erreichen? Dann stellen Sie einen Antrag zur Tagesordnung und bereiten ein kurzes Statement vor. Wenn Ihr Statement ein Konzept oder einen Vorschlag beinhaltet, bringen Sie Fotokopien davon für die übrigen Teilnehmer mit. Wird in dem Meeting von Ihnen eine Meinungsäußerung oder sogar ein Votum verlangt? Klären Sie deshalb vorab Ihre Position und Ihre Befugnisse, statt sich überraschen zu lassen und dann wie eine »lahme Ente« ohne Kompetenzen zu wirken. Werden am Schluss Aufgaben und Zuständigkeiten verteilt, dann heben Sie die Hand. Nur wer sich etwas zutraut und sich die passende Aufgabe auch nimmt, wird vorankommen.
- Äußerlichkeiten haben große Wirkung – positiv wie negativ. Kommen Sie pünktlich und nicht außer Atem zu dem Termin. Die Minuten vor dem Beginn sind wertvolle Small-Talk- und Netzwerkzeit. Stellen Sie sich unbekannten Kollegen kurz und einprägsam vor, statt stumm auf Ihren Stuhl zu sinken. Bei freier Sitzordnung: Meiden Sie Randplätze. Ihr Platz ist in der oder nahe der Mitte! Oder vorn – je nach Raumgegebenheiten. Wenn es sich um eine Besprechung mit vielen Teilnehmern handelt, sollten Sie bei einer längeren Äußerung aufstehen – um gesehen und gehört zu werden. Beim Abschied kann es sich lohnen, den Leitpersonen des Meetings persönlich die Hand zu geben und noch eine interessante Schlussbemerkung fallen zu lassen. Man soll sich Ihrer ja schließlich erinnern.
- Was im vorangegangenen Kapitel über die Sprache der Ich AG gesagt wurde, findet hier praktische Anwendung: Starke Argumente brauchen eine starke Sprache. Also vermeiden Sie alle Abschwächungen wie »eigentlich«, »man könnte doch«, »ich denke, glaube, meine«, »ich wollte nur mal« .
- Schließen Sie sich nicht den Menschen an, die an der Tür zum Besprechungsraum ihre guten Manieren abgeben. Die Ich AG ist

in jeder Lebenslage höflich und beherzigt einen respektvollen zwischenmenschlichen Umgang. Im Meeting heißt das: Lassen Sie andere ausreden und rufen Sie nicht dazwischen. Schreien, drohen oder diffamieren Sie nicht. Frauenfeindliche Äußerungen oder Gesten sind tabu. Unhöflich ist es, so laut mit dem Nachbarn zu flüstern, dass der Vortragende aus dem Konzept kommt. Handytelefonate im Meeting demaskieren Sie entweder als Menschen ohne Manieren oder als jemand mit Geltungssucht. Inakzeptabel ist auch, offenes Desinteresse zu zeigen – etwa durch Gähnen, auf die Uhr schauen oder demonstratives Aufräumen Ihrer Aktentasche. Endlosredner können Sie als Vorgesetzter höflich um Zusammenfassung ihrer wichtigsten Argumente bitten. Als einfacher Kollege stecken Sie dem Besprechungsleiter besser eine Notiz zu, in der Sie ihn um Intervention bitten.

Gespräche mit Chefs oder Kunden

Von Gleichgestellten erwarten wir Respekt und erhoffen Sympathie. Lob, Beförderung, eine Gehaltserhöhung, ein neuer Auftrag oder eine Weiterempfehlung kommen indes nur von Vorgesetzten und Kunden. Zusammentreffen mit diesen Personen sind strategische Momente für die Eigen-PR. Was im kollegialen und privaten Umgang vielleicht als »fishing for compliments« ausgelegt werden könnte, ist bei Kontakten auf der nächst höheren Hierarchiestufe eminent wichtig für Ihren Erfolg. Sie sollten daher ohne falsche Scheu bei geeigneter Gelegenheit auf Ihre Pluspunkte und Errungenschaften zu sprechen kommen. Ihr Chef sollte beispielsweise schnellstmöglich erfahren, dass Sie einen neuen Kunden gewonnen oder von einem alten einen Zusatzauftrag bekommen haben. Auch ein Bericht über Ihre jüngste Fortbildung und Ihre Absicht, das neue Wissen nun auch der Abteilung zur Verfügung zu stellen, darf nicht Ihr Geheimnis bleiben. Ihr Kunde muss wissen, dass Sie bei einem Sublieferanten für ihn gerade 5 Prozent Rabatt ausgehandelt haben –

ein schönes Sümmchen insgesamt. Auch Erfolge in anderen, ähnlich gelagerten Kundenprojekten sollten Sie ihm mitteilen – denn das Gleiche können Sie für ihn ja auch machen.

In der Wahl Ihrer Formulierung demonstrieren Sie Souveränität und Selbstbewusstsein – und nicht Speichelleckerei: »Es hat sich doch gelohnt, dass ich mir auf der Messe so viel Zeit genommen habe, um mit unserem Lieferanten XY zu sprechen. Die haben einen neuen Key Account Manager, mit dem ich eine Verbesserung unseres Großkundenrabatts ausgehandelt habe.« oder: »Da hatte ich wohl eine Eingebung, dass ich meine Mitarbeiterin ABC vor vier Wochen auf dieses Seminar geschickt habe. Sie hat dort genau das Projektmanagement-Tool gelernt, das wir bei dieser Aufgabe anwenden können.« Oder beim Kunden: »Das könnte Sie vielleicht interessieren: Bei der Firma JWD habe ich eine Druckerei ausprobiert, die die Firmenbroschüren genauso schnell, aber zehn Prozent billiger druckt und auch noch frei Haus liefert. Ich kann für Sie da ein Angebot einholen.« Im Übrigen: Auch das Eingestehen von Fehlern ist gute Eigen-PR – wenn Sie sogleich einen konstruktiven Verbesserungsvorschlag für das nächste Mal anbieten können.

Freizeit

Bitte verstehen Sie das Folgende nicht als Plädoyer für Leute, die noch an den Hotelpool den Laptop mitnehmen und auf Partys nur über die Arbeit reden können. Das ist eine falsch verstandene Form der Ich AG und schießt über das Ziel hinaus. Es schadet jedoch nichts, auch in der Freizeit immer ausreichend Visitenkarten dabei zu haben oder im Gespräch auch einmal auf den Beruf zu kommen, wenn der Gesprächspartner ehrliche Aufnahmebereitschaft signalisiert. Und am Morgen nach der Party oder dem Konzertbesuch können Sie der netten neuen Bekanntschaft, die sich so sehr für Ihre Arbeit oder Ihr Dienstleistungsangebot interessiert hat, ruhig das gewünschte Informationsmaterial schicken. Das ist nicht aufdringlich, das ist Netzwerken und wird in Kapitel 9 näher erläutert.

Bis hierher können Sie Ihre Eigen-PR noch gut in den Alltag einbauen, ohne groß planen oder Zeitressourcen umschichten zu müssen. Ab jetzt wird es allerdings nötig, sich aktiv und mit etwas Aufwand einzusetzen.

Reden, Präsentationen, Podiumsdiskussionen

Nirgendwo haben Sie als Einzelner eine bessere Chance, direkt von so vielen Menschen gesehen, gehört und positiv wahrgenommen zu werden. Nun mag vielen schon bei dem Gedanken an Reden, Präsentationen und Podiumsdiskussionen der Angstschweiß auf der Stirn stehen, doch mit ein paar einfachen Regeln und einer gezielten Vorbereitung sind solche Situationen gar nicht so schlimm.

Wichtigste Frage: Wie sieht es mit Ihrer Motivation aus? Gehen Sie ängstlich, aggressiv oder unwillig an solche Aufgaben? Sind Sie von dem überzeugt, was Sie sagen? Sehen Sie Ihr Publikum als Feind, als lauernde Hyänen oder als desinteressierte graue Masse? Dann programmieren Sie Ihr Scheitern schon vor. Auch wenn es schwer fällt, versuchen Sie vor jedem öffentlichen Auftritt folgende Autosuggestion: Ich bin gut vorbereitet und habe ein stimmiges Konzept. Ich habe etwas Interessantes zu sagen, von dem ich überzeugt bin und das die Leute spannend finden werden. Mein Publikum hört mir gerne zu und ist interessiert. Wenn jetzt noch etwas schief geht, brauche ich mir keine Vorwürfe zu machen.

Wissen Sie, was Sie erreichen wollen und haben Sie dafür die passenden Kernbotschaften? Je nachdem, ob Sie ein höheres Budget von Ihrem Chef loseisen, sich für einen Kundenauftrag empfehlen oder allgemein Ihre Dienstleistung bekannt machen wollen, werden Ihre

Ausführungen anders ausfallen. Damit Stil und Inhalte ganz genau passen, müssen Sie klar Ihr Ziel definieren. Dann können Sie entscheiden, welche Kernbotschaften am Ende in den Köpfen der Zuhörer hängen geblieben sein sollen und welcher Präsentationsstil (seriös, sachlich, provozierend, lustig, frech) angemessen ist. Bei Podiumsdiskussionen gelten in puncto Manieren, starke Sprache und Vorbereitung ähnliche Gesetzmäßigkeiten wie bei Meetings (s.o.).

Beherrschen Sie Optik und Technik? Kaum eine Präsentation oder Rede kommt heute noch ohne an die Wand projizierte Charts aus. Wenn Sie Charts verwenden, dann müssen diese gut sein. Das heißt optisch ansprechend, im Firmendesign, mit ausreichend großer Schrift, nicht zu voll, keine Bleiwüste. Es gibt spezielle Büros, die solche Schaubilder anfertigen, wenn Ihnen die Zeit dazu fehlt. Oder Sie haben einen fähigen Mitarbeiter, der für Sie solche Präsentationscharts anfertigen kann. Ganz wichtig, um sich nicht zu blamieren, ist sicherer Umgang mit Präsentationstechnik. Freunden Sie sich daher rechtzeitig vor Ihrem großen Auftritt – am besten in Form einer Generalprobe – mit Laptop, Beamer, Laserpointer und Mikrofon an.

Kennen Sie Ihr Publikum? Reden, Präsentationen und Podiumsdiskussionen bieten Ihnen die Chance, viele Menschen zu erreichen. Sie können aber auch an vielen Menschen vorbeireden. Daher ist ebenso wichtig wie die inhaltliche Vorbereitung: Bekommen Sie möglichst viel über Ihr Publikum heraus. Was erwartet es von Ihnen, wie ist die Vorbildung, welche Informationen können Sie voraussetzen und welche müssen Sie erbringen? Schlechte Vorbereitung an dieser Stelle produziert große Fettnäpfchen. So habe ich einmal bei einem Akquisitionsgespräch mit einem Supermarktmanager erzählt, dass meine Großeltern und meine Mutter einen Laden einer bestimmten Einzelhandelskette führten und ich dort als Jugendliche mitgearbeitet habe. Was ich als »Stallgeruch« im Verkaufsgespräch positiv anbringen wollte, ging nach hinten los: Der Manager kämpfte gerade gegen just diese Einzelhandelskette, die sein Unternehmen schlucken wollte. PS: Den Auftrag habe ich zum Glück trotzdem bekommen.

Mitgliedschaften

Mitgliedschaften in Vereinen, Netzwerken, Clubs, Ehemaligenvereinigungen oder Parteien fallen mehr unter den Aspekt des Netzwerkens und werden daher in Kapitel 9 ausführlich behandelt. Hier sei schon einmal gesagt, dass solche Foren wunderbare Möglichkeiten der Eigen-PR bieten.

Fachartikel und Fachvorträge

Sie denken, Sie müssen Ihr mühsam erlerntes Fachwissen geheim halten, um einen Vorsprung vor der Konkurrenz zu besitzen. Viermal falsch: Erstens, weil das Publizieren von Fachartikeln genauso wie Fachvorträge die Aufmerksamkeit der Branche auf Sie lenken. Zur Branche gehören nun auch einmal Vorgesetzte und Kunden. Zweitens, weil Sie mit derartigen Veröffentlichungen Ihren Wert auf dem Personalmarkt erhöhen. Selbst wenn Sie nicht die Firma wechseln wollen – die nächste Gehaltsverhandlung kommt bestimmt. Drittens, weil Sie nicht nur Eigen-PR betreiben, sondern auch die Reputation Ihrer Firma erhöhen. Und viertens, weil Sie doch klug genug sind, wirklich exklusives Wissen nicht preiszugeben. Sie machen durch Publikationen oder Vorträge auf sich und Ihre Firma aufmerksam, zum Beispiel indem Sie von den Vorteilen einer von Ihnen entwickelten Software berichten. Die technischen Einzelheiten bleiben natürlich Ihr Geheimnis.

Lehrämter

Ich kenne keinen Manager und Unternehmer, ja noch nicht einmal einen mittleren Angestellten, der über zu viel Zeit klagt. Dennoch sollten Sie die zeitlich meist sehr anspruchsvolle Investition in Lehrämter erwägen. Ob in der Fortbildungsakademie Ihrer eigenen Firma (Firmenuniversität), der örtlichen Industrie- und Handelskammer, Einrichtungen der Erwachsenenbildung, Berufsakademien oder Universitäten/Fachhochschulen – überall werden fachlich gute, kommunikativ begabte und sozial kompetente Referenten gesucht. Veranstaltungen dieser Art haben einen enormen Multiplikatoreffekt. Leider ist die Bezahlung meist nicht sehr prickelnd. Doch dafür gibt es einen unschätzbaren Ausgleich: Ganz nebenbei und ohne teures Training werden Sie mit der Zeit zu einem ausgebufften Profi im Präsentieren und Beantworten von Zuhörerfragen. Das bringt Sie auch in Ihrem eigentlichen Job voran.

Fernsehinterviews oder ein Buch schreiben

Diese Instrumente der Eigen-PR sind sicher nichts für die Masse; aber Sie sind ja gerade auf dem besten Wege, sich aus der Masse hervorzuheben. Wenn ein Mitarbeiter des Deutschen Wetterdienstes, den vorher keiner kannte, in eine TV-Diskussionsrunde zum Klimawandel eingeladen wird, oder ein Spezialist für digitale Computersignaturen in einer Verbrauchersendung über die Sicherheit von Onlinebanking sprechen darf, dann haben Sie vielleicht auch eine Kernkompetenz, die viele Leute interessiert. Wenn Sie schon mit Fachartikeln auf sich aufmerksam gemacht haben und in der Branche bekannt sind, dann könnte sich ein Journalist für Sie interessieren. Ganz sicher aufmerksam wird er, wenn Sie ein Buch über das Gebiet schreiben, in dem Sie richtig fit sind. So hat ein Architekt jahrelang alte Gebäude und Kirchen restauriert und festgestellt, dass die Nachwuchskräfte die alten Handwerkstechniken gar nicht mehr beherrschen. Er schrieb also ein

Buch, das heute ein Standardwerk ist und ihn zum begehrten Gesprächspartner der lokalen Medien macht, wenn über ein Restaurierungsprojekt berichtet wird. Angestellte müssen meist öffentliche Äußerungen mit der Unternehmenspressestelle abstimmen – aus gutem Grund. Aber auch dort können Sie aktiv werden: Sagen Sie dem Pressesprecher Ihrer Firma, dass Sie sich besonders gut bei den Themen A, B und C auskennen, und dass er Sie bei entsprechenden Medienanfragen gerne als Experte vermitteln kann.

Angestellte haben im Vergleich zu Freiberuflern ein paar weitere ganz spezielle Möglichkeiten der persönlichen Öffentlichkeitsarbeit.

Betriebliches Vorschlagswesen

Sie kommen mit Ihren Ideen beim Chef nicht durch? Er hat keine Zeit, hört nicht zu, ist immer in Hektik? Dann nutzen Sie doch einfach einen in vielen Firmen institutionalisierten Weg – das betriebliche Vorschlagswesen. Sie reichen Verbesserungsvorschläge ein und bekommen nach einer bestimmten Zeit eine Rückmeldung Ihres Unternehmens. Wird die Idee abgelehnt, muss dies begründet werden. Wird sie angenommen, können Sie sich zumeist über eine Prämie freuen und haben in den meisten Unternehmen das Recht, regelmäßig über den Stand der Umsetzung informiert zu werden. Wenn es in Ihrem Unternehmen so etwas noch nicht gibt, könnte es für Sie eine Gelegenheit der Profilierung sein, ein betriebliches Vorschlagswesen konzeptionell auszuarbeiten und vorzuschlagen.

Innerbetriebliche Medien

Firmen ab einer bestimmten Größe haben Hauszeitschriften, ein hauseigenes Computernetz (Intranet) oder sogar ein eigenes kleines Fernsehprogramm (Business-TV), um den Informationsfluss zwischen den Mitarbeitern aufrechtzuerhalten. Hier schlummern wunderbare Chancen für Ihre Selbstdarstellung, denn erfahrungsgemäß sind die Verantwortlichen für solche Hausmedien (meist die PR-Abteilung) dankbar für Themenvorschläge. Also: Wenn Sie

- Experte auf einem Gebiet sind und meinen, dass andere Kollegen von Ihrem Wissen profitieren können,
- auf einer interessanten Fortbildung waren und Ihre neuen Kenntnisse komprimiert weitergeben wollen,
- ein spannendes Kundenprojekt zum Abschluss gebracht haben und davon berichten möchten,
- gerne über ein bestimmtes Thema berichten möchten, das von Interesse für Ihre Firma ist,

dann nutzen Sie diese innerbetrieblichen Medien, und Ihr Bekanntheitsgrad wird spürbar steigen.

Bewerbungen

Hier schlägt die große Stunde der Eigen-PR, denn bei Bewerbungen geht es um mehr als Bekanntheit, Anerkennung und Respekt: Es geht um Ihre Zukunft und womöglich auch um die materielle Sicherheit der ganzen Familie. Erinnern Sie sich, was wir zum Thema Präsentationen, Reden, Podiumsdiskussionen gesagt haben? Ganz genauso können Sie hier vorgehen:

Wichtigste Frage: Wie sieht es mit Ihrer Motivation aus? Wenn Sie gut ausgebildet sind und Ihren Beruf verstehen, dann hüten Sie sich vor dem Bittstellersyndrom. Sie haben jeder Firma etwas Wertvolles zu bieten und daher alles Recht der Welt, Ihre Bewerbung einzureichen. Ich weiß, dass heutzutage auch hochqualifizierte Kräfte mitunter schwer eine neue Stelle finden, zumal wenn Sie ein bestimmtes Alter überschritten haben. Aber Sie sollten sich davon emotional nicht beeinflussen lassen. Wenn Sie schon mit Angst, Zweifeln und Scheu an eine Firma herantreten, springt diese Stimmung über und verbaut Ihnen alle Chancen, die Sie sonst vielleicht gehabt hätten.

Wissen Sie, was Sie erreichen wollen, und haben Sie dafür die passenden Kernbotschaften? Bevor Sie sich bewerben, sollten Sie sich über Folgendes im Klaren sein:

1. Ist die Stelle für mich geeignet? Kann ich dort meine Fähigkeiten zur Geltung bringen?

2. Ist die neue Position für mich eine Weiterentwicklung, eine Herausforderung? Ist es auch finanziell eine Verbesserung?

3. Kann ich mich mit den Zielen, dem Image, der Kultur der Firma identifizieren?

4. Bin ich bereit, den geforderten Preis (Ortswechsel, Wochenendbeziehung, längere Arbeitszeiten, häufige Dienstreisen etc.) zu zahlen?

Wenn Sie diese Fragen mehrheitlich mit Ja beantwortet haben, dann bereiten Sie jetzt Ihre Kernbotschaften vor, die im Wesentlichen die Antworten auf folgende Fragen sind:

1. Warum bin ich geeignet für die Position?

2. Welche Qualifikationen, Fähigkeiten und persönlichen Eigenschaften habe ich, die für die neue Firma von Vorteil sind?

. . . .

3. Welchen konkreten Nutzwert habe ich für die neue Firma? Hier können Sie auch frühere Erfolge aufzählen und genau beziffern, zum Beispiel wie Sie durch eine Maßnahme die Kosten gesenkt, wie Sie einen Großkunden gewonnen, wie Sie die Außenwirkung der Firma verbessert oder wie Sie sich erfolgreich als Konfliktmanager bewährt haben.

. . . .

4. Wen kann ich als Empfehlung nennen – einen früheren Vorgesetzten, einen Mentor, einen Hochschulprofessor?

. . . .

5. Wie begründe ich meine Motivation, a) die Stelle zu wechseln und b) mich genau für diese Firma zu interessieren?

. . . .

Beherrschen Sie Optik und Technik? Die klassische Bewerbung ist immer noch eine Mappe mit Anschreiben, Lebenslauf und Zeugniskopien. Hier gilt selbstverständlich: höchste Präzision, keine Schreibfehler, hochwertige Materialien, kein Schnickschnack, ein gutes Porträtfoto (kein Automatenschnappschuss!), eigenhändige Unterschrift, ausreichendes Porto bei Postversand. Beim Vorstellungsgespräch ist Pflicht: Pünktlichkeit und angemessen geschäftsmäßige Kleidung. Ist der Stil der Firma etwas legerer, dürfen Sie sich auch vorsichtig »casual« kleiden (keine Freizeitkleidung!). Ansonsten gelten die Tipps, die in den Passagen zu persönlicher Kommunikationskompetenz, Meetings und Präsentationen stehen. Eine Besonderheit gibt es noch: Sprechen Sie nicht schlecht über Ihre alte Firma, und plaudern Sie keine Betriebsgeheimnisse aus. Das lässt Rückschlüsse auf Ihre Loyalität gegenüber dem neuen Arbeitgeber zu.

Kennen Sie Ihr Publikum? Blindbewerbungen sind im wahrsten Sinne des Wortes Blindflüge. Auch standardisierte Massenaussendungen an jede x-beliebige Firma erhöhen nicht unbedingt Ihre Chancen. Suchen Sie sich besser ganz gezielt die Unternehmen aus, die Sie interessieren oder die vielversprechende Stellenanzeigen geschaltet haben. Und dann beginnt die Recherchearbeit, die Ihnen im Bewerbungsschreiben und beim Vorstellungsgespräch einen Vorsprung vor der Konkurrenz verschaffen kann. Folgende Informationen können Ihnen wertvolle Argumente an die Hand geben: Was ist in der jüngeren Geschichte des Unternehmens passiert? Wie lautet die veröffentlichte Firmenstrategie? Was erzählt man sich in der Branche? Wer sind die einflussreichen Personen an der Spitze und was sollte man über sie wissen? Wer wäre der direkte Vorgesetzte, was hat er vorher gemacht und welchen Ruf hat er in der Branche? Hat das Unternehmen Probleme – am Markt, mit den Medien, mit den Kunden? Stehen Fusionen oder Akquisitionen an?

Vorstellung bei Headhuntern

Wer sein berufliches Schicksal selbst in die Hand nehmen will, der sollte nicht nur auf Stellenanzeigen oder Initiativbewerbungen vertrauen. Ab einer bestimmten Einkommensklasse werden Positionen fast nur noch über Personalberater (Headhunter) besetzt. Sie hat noch nie einer angerufen? Sie kennen nicht das prickelnde Gefühl, wenn eine Vertrauen einflößende Stimme am anderen Ende der Leitung sagt »Hallo Frau Mayer, ich hätte Ihnen da etwas Interessantes vorzuschlagen. Können Sie jetzt reden?« Sie können den Spieß auch umdrehen: Ermitteln Sie die Headhunter, die für Ihre Branche relevant sind. Stellen Sie ein Qualifikationsprofil zusammen und stellen Sie sich damit bei der Personalberatung vor. Ihre Koordinaten werden in der Datenbank des Headhunters aufgenommen, wo sie jederzeit bei einem passenden Angebot abgerufen werden können.

Als Selbstständiger oder Freiberufler sollten Sie Ihre Eigen-PR noch ernster nehmen, denn von Ihrer Bekanntheit und dem Ruf Ihrer Produkte und Dienstleistungen am Markt hängt Ihr ökonomischer Erfolg ab. Sie können eine noch so innovative und benutzerfreundliche Software entwickelt haben, Sie können noch so pfiffig in Büroorganisation und Assistenz-Services sein, Sie können noch so leckere Weine direkt vom Erzeuger verkaufen – wenn es Ihre potenziellen Kunden nicht wissen, dann klingelt auch die Kasse nicht. Neben den oben beschriebenen Punkten, die für Selbstständige und Angestellte gelten, sind speziell für auf eigene Rechnung tätige Personen noch folgende PR-Instrumente interessant.

Eigene Website oder CD-ROM-Präsentation

Die elektronischen Medien sind für kleine Firmen die effizienteste Art, Öffentlichkeitsarbeit und Marketing zu betreiben. Teure Druckkosten für Broschüren oder Prospekte fallen weg, und eine Firmenwebsite kann stets tagesaktuell gehalten werden – wenn Sie den Pflegeaufwand nicht scheuen. Doch fangen wir mit der CD-ROM-Präsentation an. Auf der kleinen Scheibe können Sie in einer grafisch ansprechenden (Corporate Design beachten!) und informativen Art Kunden oder sonstigen an Ihrem Unternehmen interessierten Personen die wichtigsten Fakten übermitteln: Art und Form der Dienstleistungen inklusive Updates und neue Angebote, Ihre Erfahrungen und Referenzkunden, Erreichbarkeit und Kundendienst. Da das Brennen einer CD nicht viel kostet, können Sie dieses Trägermedium jederzeit aktualisieren und die neuesten Informationen anbieten. Besser – weil flexibler, benutzerfreundlicher und tagesaktuell – ist die eigene Unternehmenswebsite verbunden mit einem E-Mail-Zugang. Eine solide Basiswebsite hat folgende Elemente (Der Fantasie, aber auch leider den Kosten sind nach oben keine Grenzen gesetzt. Tasten Sie sich also schrittweise und je nach Budget vor.):

- Eine aussagekräftige Internetadresse. Sie sollte idealerweise deckungsgleich mit Ihrem Firmennamen oder Ihrem Hauptprodukt sein. Reservieren Sie sich vorsichtshalber Ihre Internetadresse mit allen wichtigen Kennungen (.de, .com, .net, .info), damit Konkurrenten nicht unter dem gleichen Namen im Internet aktiv sein können.
- Eine übersichtliche Darstellung, die zu Ihrem Corporate Design passt, und eine klar strukturierte Navigation.
- Eine kundengeeignete Präsentation Ihrer Produkte und Dienstleistungen. Sie soll Appetit darauf machen, sich sofort mit Ihnen in Verbindung zu setzen. Wenn Sie versandfähige Produkte verkaufen, sollten Sie eine Online-Bestellmöglichkeit bereithalten.
- Eine Erläuterung Ihres Know-hows, Ihrer besonderen Eignung und Ihrer Referenzen.
- Eine Kontaktmöglichkeit über E-Mail sowie ein ausführliches Impressum mit Name, Ansprechpartner, Telefon, Fax, Mobiltelefon und Erreichbarkeitszeiten.
- Einen schnellen Aufbau. Der Anwender darf nicht durch lange Ladezeiten von Grafiken oder Bildern aufgehalten werden.

Wer eine Website einrichtet, sollte sich über eins im Klaren sein: Einmalig ins Netz stellen und dann nicht wieder anschauen ist rausgeworfenes Geld. Die Website ist Ihre digitale Visitenkarte, also pflegen und aktualisieren Sie sie sorgfältig. Nichts ist in unserer schnelllebigen Welt lästiger als veraltete Informationen. Und wenn Sie den Besuchern Ihrer Website eine E-Mail-Kommunikation anbieten, dann schauen Sie einmal täglich in Ihre Mailbox und beantworten die eingegangenen Nachrichten. Wer einmal eine Woche auf ein Lebenszeichen von Ihnen gewartet hat, der meldet sich kein zweites Mal. Auch die technische Verlässlichkeit der Website (jederzeitige Erreichbarkeit, Funktionieren aller Links) sollte selbstverständlich sein.

Newsletter

Wem eine eigene Website (noch) zu ambitioniert ist, der kann seine Kunden, potenzielle Kunden, Fachmedien und andere Zielgruppen mit einem regelmäßigen Newsletter informieren. Dieser kann in gedruckter Form per Post oder als E-Mail verschickt werden. Inhalte könnten zum Beispiel sein: Erweiterung Ihrer Angebotspalette, neue Mitarbeiter, interessante neue Kundenaufträge, Fallstudien über erfolgreich bewältige Projekte, allerlei Neues und Interessantes aus der Branche oder Ihre persönliche Einschätzung zu aktuellen Branchen- und Konjunkturtrends.

Kundeninformationen

Speziell die Zielgruppe Kunden können Sie neben der oben angesprochenen Website oder dem Newsletter mit zahlreichen anderen Aktionen bei der Stange halten. Kunden fühlen sich geschätzt, wenn Sie regelmäßig mit ihnen kommunizieren. Damit drücken Sie aus: Du bist mir wichtig, ich investiere Zeit in unsere Beziehung, ich will dich offen und regelmäßig informieren. Möglichkeiten sind unter anderen Mailings zu aktuellen Themen oder Angeboten Ihrer Firma, ein Tag der offenen Tür, eine Hausmesse und regelmäßige persönliche Kundenbesuche. Die Bequemlichkeit der elektronischen Medien sollte nicht dazu verführen, den direkten menschlichen Kontakt abzubauen.

Pressearbeit

Pressearbeit ist nicht nur etwas für Großkonzerne. Auch kleine Firmen und Freiberufler können Beziehungen zu Journalisten pflegen und etwas für ihre Öffentlichkeitsarbeit tun. Wenn Sie etwas ganz Innovatives erfunden und auf den Markt gebracht haben, dann interessiert sich vielleicht sogar eine überregionale Zeitung dafür. Lehnen wir uns doch einfach wieder an die klassische Unternehmenskommunikation an und schauen, welche Instrumente für die Eigen-PR geeignet sind:

Pressemeldung kurzer Text, der prägnant und anregend über eine neue Entwicklung in Ihrer Firma (neues Produkt, erste Auslandsfiliale, Patent für eine Erfindung etc.) berichtet.

Pressekonferenz Forum für die Präsentation eines aktuellen Themas vor mehreren Journalisten; nur realistisch bei einer außergewöhnlichen Nachricht und bereits vorhandenen Medienkontakten.

Hintergrundgespräch Erläuterung eines interessanten Themas für einen oder wenige ausgewählte Journalisten in einer ungezwungenen Atmosphäre (Restaurant, Kamingespräch).

Interview meist exklusives Frage-und-Antwort-Gespräch mit einem ausgewählten Journalisten zu einem Topthema aus Ihrem Unternehmen.

Multimedia stets aktuelle und leicht anzupassende Präsentation Ihres Unternehmens im Internet oder auf CD-ROM.

Unternehmensfilm Imagefilm über Ihr Unternehmen; sollte professionell gemacht sein, daher sehr teuer.

Broschüren/Pressemappe/Kataloge schriftliche Präsentation Ihres Unternehmens (Imagebroschüre universell für alle Zielgruppen, Pressemappe speziell für die Medien) oder Ihrer Produkte (Kataloge); Problem: Kosten und Aktualität, daher Multimedia-Alternativen prüfen.

Werbung Unterschied zwischen Imagewerbung (lohnt nur bei großen Unternehmen) und Produktwerbung (auch für kleine Firmen interessant); es muss nicht immer Print sein, besonders für regionale Kundenzielgruppen ist Radio interessant!

Clubs/Netzwerke Auftritt des Firmenchefs vor Unternehmerverbänden, örtlichem Presseclub usw.

Personality-PR Imageaufbau des Unternehmens über die Person des Firmenchefs; nur sinnvoll bei großer Kommunikationskompetenz, Charisma und hohen Sympathiewerten des »Bosses«.

Elektronische Medien Radiowerbung ist erschwinglich, TV-Werbung in der Regel nicht; Kontakte zu Journalisten örtlicher Radiosender sind realistisch, solche zu TV-Redakteuren meist nicht.

Advertorials journalistisch gestaltete, aber wie Werbung zu bezahlende Sonderseiten in Printmedien – teuer, aber wirkungsvoll.

Sponsoring

Sponsoring ist sozusagen Pressearbeit durch die Hintertür. Indem Sie bestimmte Veranstaltungen unterstützen, erscheint Ihr Name und der Ihrer Firma in der Zeitung, und im Fernsehen ist Ihr Logo zu sehen. Allerdings sollten Sie darauf achten, dass die gesponserte Veranstaltung auch zu Ihrem Geschäftsfeld und dem gewünschten Image Ihrer Firma passt. Nur dann erreichen Sie auch Ihre Zielgruppen.

Messen

Messen sind PR-Großveranstaltungen in Bezug auf Kunden und Fachmedien, denn nirgendwo treffen Sie so geballt auf Ihre Zielgruppen. Wenn Sie also auf Messen gehen, dann sollte die Vorbereitung und Durchführung perfekt sein. Folgende Punkte sollten Sie berücksichtigen:

1. Habe ich einen guten Standplatz gemietet, wo viele Leute vorbeikommen?

2. Ist der Stand groß genug für meine Präsentation und ein bis zwei Stehtische/Sitzgruppen für kommunikative Zwecke?

   . . . .

3. Entspricht die Möbelierung (Stellwände etc.) meinem Corporate Design, sodass mich Interessenten auf den ersten Blick finden?

   . . . .

4. Bin ich im Messekatalog aufgeführt, am besten mit Logo?

   . . . .

5. Sind meine Informationsunterlagen in Ordnung?

   . . . .

6. Habe ich im Vorfeld Termine mit Kunden und Fachjournalisten vereinbart, um ihnen meine neusten Produkte zu zeigen?

   . . . .

7. Habe ich mich zur Eröffnungsfeier, zum Get-Together, zum Aussteller- oder Presseabend angemeldet?

   . . . .

8. Habe ich etwas so Sensationelles zu zeigen, dass eine eigene Pressekonferenz lohnt?

   . . . .

Tag der offenen Tür für »friends & family«

Sind Sie Ihr eigener Chef ohne weiteres Personal, dann haben Sie oftmals eine besonders hohe Arbeitsbelastung und wenig Zeit für Familie und Freunde. Dasselbe gilt in der Regel für die Mitarbeiter von Kleinstfirmen, wo persönliches Engagement über die tarifliche Arbeitszeit hinaus selbstverständlich ist. Umso wichtiger ist es, die

Zielgruppe »friends & family« mindestens einmal im Jahr darüber ins Bild zu setzen, dass die Firma gut läuft und sich die Opfer lohnen. Laden Sie doch einmal zu einem Tag der offenen Tür ein, der eine Mischung aus Vorträgen, Präsentationen, Führungen, Spaß, lockeren Gesprächen und kulinarischen Leckereien bieten sollte.

Sprachrohr(e) der Ich AG

Nachdem wir Kernbotschaften (Was), Zielgruppen (Wem) und Instrumente (Wie) der Eigen-PR behandelt haben, kommt nun die Frage nach den Sprachrohren (Wer). Sie ist für die Ich AG einfach zu beantworten. Während für ein Unternehmen eine Fülle von Personen sprechen können (Vorstandsvorsitzender, Vorstandsmitglieder, Pressesprecher, Marketingchef, Betriebsrat) hat die Ich AG nur ein Hauptsprachrohr – sich selbst. Ergänzend gibt es natürlich noch wertvolle Multiplikatoren, die sich positiv über Sie äußern. Da ist Ihr Kunde, der sie weiterempfiehlt oder Ihrem Chef einmal sagt, wie zuvorkommend Sie ihn seit Jahren betreuen. Da ist Ihr Vorgesetzter, der Sie beim Personalchef für die Aufnahme in das firmeneigene Fortbildungsprogramm anmeldet. Da ist Ihr Mentor, der ein gutes Wort bei einer Firma einlegt, bei der Sie sich beworben haben. Solche Beispiele lassen sich noch viele finden. Damit die Mundpropaganda funktioniert, müssen Sie allerdings erst einmal die Grundregel der Eigen-PR beherzigen, die da lautet: »Es nutzt nichts, wenn Sie wissen, wie gut Sie sind. Ihre Zielgruppen müssen es wissen.« Denn nur dann können sie sich als Multiplikatoren für Sie einsetzen. Und Sie sollten schon an dieser Stelle eine wichtige Gesetzmäßigkeit des Netzwerkens kennen: »Bekanntschaften, Beziehungen und Kontakte nutzen Ihnen nur dann etwas, wenn diese Menschen sich im entscheidenden Moment auch für Sie stark machen.« Wie man das erreicht, dazu in Kapitel 9 mehr.

Strategische Zeitplanung

Wir haben bei den Instrumenten der Eigen-PR Dinge kennen gelernt, die ohne größeren Aufwand in den Alltag eingebaut werden können. Die meisten Maßnahmen jedoch verlangen Zeit- und Ressourcenaufwand. Daher ist es empfehlenswert, wenn Sie die Eigen-PR in Ihr generelles Zeitmanagement (siehe Kapitel 2) einbauen. Wenn Sie der Eigen-PR kein festes Zeitkontingent zuweisen, dann wird es Ihnen wie den vielen gehen, die sich die Vermarktung ihrer Vorzüge immer wieder fest vornehmen – »wenn ich irgendwann einmal dazu komme«. Nur, Sie werden nicht dazu kommen, wenn Sie sich die Zeit nicht nehmen und der Eigen-PR nicht den Platz zuweisen, der ihr gebührt. Öffentlichkeitsarbeit ist Arbeit!

Hilfreich bei Ihrem Vorhaben, die Eigen-PR in das generelle Zeitmanagement einzubauen, ist wieder einmal eine Anleihe bei der klassischen Unternehmenskommunikation – der Jahresterminplan. Auf die Ich AG umgemünzt enthält er unter anderen folgende Fixpunkte:

1. Welches sind die wichtigsten Termine in Ihrem Unternehmen, die Chancen für Eigen-PR bieten? Diese sind zum Beispiel Zielgespräche, Führungskräftetagungen, Betriebsversammlungen, Fachveranstaltungen, Kundentermine.

   ....

2. Welches sind die wichtigsten Termine in Ihrer Branche, bei denen Sie anwesend sein sollten beziehungsweise in deren Umfeld Sie etwa Fachartikel publizieren oder Vorträge halten könnten (zum Beispiel Messen, Kongresse, Branchentreffs, Verbandstage, Neujahrsempfänge)?

   ....

3. Wann erscheinen in Tageszeitungen oder Fachmedien Sonderbeilagen zu Ihren Themen? So publizieren beispielsweise große Tageszei-

tungen alljährlich Beilagen über Maschinenbau, Medien, Biotechnologie, Bauen, Informationstechnologie und viele andere Branchen, in denen Sie Fachartikel unterbringen können.

. . . .

4. Wann entscheiden Industrie- und Handelskammern, weitere Verbände und Bildungseinrichtungen über die jeweilige Jahresterminplanung und die Auswahl der Referenten? Bringen Sie sich ins Spiel.

. . . .

Natürlich ist ein solcher Jahresterminplan für Ihre Eigen-PR nicht in Stein gemeißelt, sondern muss an aktuelle Entwicklungen angepasst werden.

Gibt es aktuelle Entwicklungen, die Ihre Branche und damit Ihre Kernkompetenz ins Rampenlicht rücken? Erinnern wir uns an den bereits genannten Mitarbeiter des Deutschen Wetterdienstes, der nach einem schweren Herbststurm plötzlich gesuchter Gesprächspartner zum Thema Klimawandel wurde. Oder an den Spezialisten für digitale Computersignaturen, der auf einmal Chancen der Eigen-PR wahrnehmen konnte, weil im Bundestag gerade sehr kontrovers über ein Gesetz für mehr Sicherheit im Onlinebanking debattiert wurde. Als regelmäßiger und aufmerksamer Zeitungsleser bekommen Sie ein Gespür für Themen und aktuelle Debatten, die weit offene Türen für Ihre Eigen-PR-Bemühungen sind.

Bauen Sie aktuelle Neuerungen in Ihrem Unternehmen flexibel in Ihren Jahresterminplan ein. Diese könnten vermehrte Anstrengungen der Eigen-PR notwendig machen. Denken Sie zum Beispiel an einen bevorstehenden Vorgesetztenwechsel, eine Fusion Ihrer Firma oder die Akquisition eines Wettbewerbers, die Eröffnung einer neuen Niederlassung, Stellenabbau oder Änderungen in der Unternehmensstrategie.

⌘ Die Ich AG vernetzt

Wie arbeitet die Pressestelle mit anderen Kollegen der Ich AG zusammen?

- als Anti-Stress-Stratege: Reden Sie über sich mit anderen, statt Frust und Unverstandensein in sich hineinzufressen (siehe Kapitel 7).
- als Katalysator für die Corporate Identity: Sie müssen sich erst über Ihre Fähigkeiten und Kernbotschaften klar werden, bevor Sie sie vermarkten können (siehe Kapitel 3).
- als Basis fürs Netzwerken: Nur wenn Sie auf sich aufmerksam machen, werden Sie interessant für andere (zum Beispiel als Ratgeber) und irgendwann vielleicht sogar zur »Spinne« in einem Netz (siehe Kapitel 9).

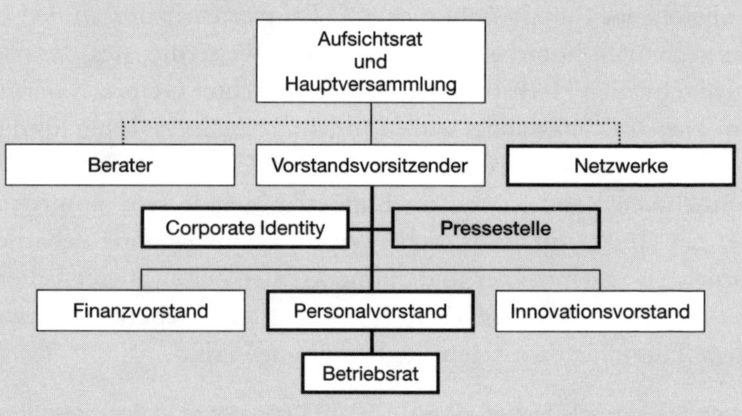

Das Design der Ich AG

Über Ihr persönliches Corporate Design haben wir in Kapitel 3 schon ausführlich gesprochen. Wenn Sie sich selbstständig machen wollen oder dies bereits sind, empfehlen sich noch folgende Investitionen bei einem professionellen Grafikbüro (Marke Eigenbau bitte nur, wenn Sie es wirklich können!):

- Firmenlogo,
- Geschäftsausstattung (Briefpapier, Visitenkarten, einheitliches Layout für Broschüren und Kataloge, Vorlagen für Präsentationsfolien, Briefe und Faxe),
- Onlinedesign für Firmenwebsite und E-Mails.

5
Der Finanzvorstand: Steigern Sie den Wert der Ich AG

Der Finanzvorstand ist neben dem Vorstandsvorsitzenden die wichtigste Person im Management eines Unternehmens. Die genialste Geschäftsidee, die besten Mitarbeiter, die pfiffigsten Marketingstrategien alleine reichen nicht zum anhaltenden Erfolg, wenn die Bilanz nicht stimmt – weil zum Beispiel kontinuierlich mehr Geld ausgegeben als eingenommen wird oder weil die Finanzierung von Expansionsvorhaben nicht sichergestellt ist.

Der Finanzvorstand hat drei Hauptaufgaben:

Einnahmen sichern Als oberster Hüter der Bilanz muss er Alarm schlagen, wenn die Kollegen aus Vertrieb und Marketing für die Produkte des Unternehmens dauerhaft keine angemessenen Umsatzerlöse erzielen, oder die Kosten aus dem Ruder laufen. Außerdem steuert der Finanzchef die Kapitalmarktaktivitäten des Unternehmens, zum Beispiel die Emission einer Firmenanleihe oder die Verwaltung des investierten Betriebsvermögens.

Bilanz im Lot halten Die Einnahmen eines Unternehmens (Umsatz, Lizenzerlöse, Kapitalmarktgewinne, Firmenverkäufe etc.) müssen dauerhaft über den Ausgaben (Gehälter und Tantiemen, Betriebskosten, Versicherungen, Werbung etc.) liegen. Nur so steht Geld für Investitionen, die Erschließung neuer Märkte, Forschungsvorhaben oder Firmenkäufe zur Verfügung.

Liquidität garantieren und Finanzpolster schaffen Der erwirtschaftete Überschuss sollte wertsteigernd angelegt werden. Das Unternehmen baut so für schlechte Zeiten Rücklagen auf oder kann bei umfangreichen Investitionsvorhaben den Anteil der Eigenfinanzierung gegenüber der (besonders für Mittelständler zunehmend teuren) Kreditaufnahme erhöhen.

Dieselben Aufgaben hat der Finanzvorstand Ihrer Ich AG: Er

- achtet darauf, dass Sie ein Ihrem Marktwert angemessenes Einkommen erzielen,
- erstellt und überwacht Ihre private Bilanz, also Ihr persönliches Finanzmanagement,
- steuert Ihre strukturierte Finanzplanung – für dauerhafte Liquidität und einen finanziell sorgenfreien Lebensabend.

Marktwert und Einkommen

Sie führen demnächst mit Ihrem Vorgesetzten ein Gehaltsgespräch und sind auf ein höheres Einkommen aus? Sie glauben, in einem anderen Unternehmen mehr verdienen zu können? Sie stehen kurz vor einem Bewerbungsgespräch? Sie wollen nach einer Pause wieder in den Job einsteigen oder nach einer Umschulung eine neue Berufstätigkeit beginnen? In all diesen und weiteren Fällen ist es unerlässlich, dass Sie Ihren Marktwert kennen. Das ist das Gehalt beziehungsweise bei Selbstständigen das Honorar, das man üblicherweise jemandem mit Ihren Qualifikationen und persönlichen Merkmalen bezahlt. Für Angestellte und Selbstständige gilt gleichermaßen: Der Markt reguliert recht zuverlässig, welche Gehälter und Honorare Sie für ihre Leistung durchsetzen können. Ein Rolle spielen unter anderen Ihre persönlichen Pluspunkte und Schwachstellen, das generelle Gehalts- beziehungsweise Honorarniveau einer Branche (Juristen verdienen in der Regel besser als Diplom-Kaufleute, in der Bankbranche wird mehr gezahlt als im Einzelhandel) sowie die derzeitige Konjunktur- und Arbeitsmarktsituation.

In Deutschland ist das persönliche Einkommen ein Tabuthema. Mit der direkten Frage an Kollegen oder Bekannte: »Sag mal, was verdienst du eigentlich?« verstoßen Sie gegen die Etikette. Deswegen ranken sich ums liebe Geld sehr viele Mythen. Man hört die tollsten und manchmal unglaubwürdigsten Dinge. Und immer bleibt das schale Gefühl zurück: »Ich verkaufe mich unter Wert. Ich bin nicht clever genug. Andere haben mehr.«

Dabei gibt es relativ einfache Möglichkeiten, ein wenig Licht ins Dunkel zu bringen:

Machen Sie sich schlau. Im Internet, in den großen Wirtschaftsmedien (Frankfurter Allgemeine Zeitung, Handelsblatt, Wirtschaftswoche, Capital usw.), im Statistischen Jahrbuch, in Publikationen von Branchenverbänden, von Gewerkschaften und großen Personalberatungen wird regelmäßig über Gehaltsvergleiche und Einkommenssysteme berichtet.

Investieren Sie in einen Gehaltsvergleich. Für einen geringen Betrag können Sie sich einen Gehaltsvergleich erstellen lassen. Dafür machen Sie auf einem Fragebogen detaillierte Angaben, zum Beispiel über persönliches Profil, Ausbildung, aktuelle Tätigkeit und sonstige Qualifikationen. Im Gegenzug erhalten Sie eine Berechnung Ihres realistischerweise zu erzielenden Gehaltes. Solche Vergleiche gibt es branchenübergreifend und auf spezielle Wirtschaftszweige fokussiert. Der Begriff »Einkommensvergleich« ergibt in jeder beliebigen Internetsuchmaschine mehrere hundert Fundstellen. Suchen Sie sich in Ruhe das passende Angebot aus. Auch Branchen- und Berufsverbände bieten mitunter Analysen über die aktuelle Einkommenssituation ihrer Mitglieder an.

Sprechen Sie mit Headhuntern. Personalberater sind darauf spezialisiert, offene Stellen mit den richtigen Kandidaten zu besetzen. Sie haben einen exzellenten Überblick über Gehälter und Einkommensstrukturen. Entweder Sie nehmen einmal an einer Vorauswahl teil und loten Ihr theoretisch zu erzielendes Gehalt aus, oder Sie lassen sich unabhängig von einer Stellenbesetzung Ihren Marktwert errechnen. Diese Dienstleistung kann allerdings etwas kosten.

Bewerben Sie sich. Nirgendwo können Sie Ihren Marktwert so gut testen wie bei einer echten Bewerbung. Spätestens im zweiten persönlichen Gespräch kommt das Einkommen auf die Tagesordnung. Doch Vorsicht: Sie sollten nicht mit rein taktischen Bewerbungen durch die Branche ziehen – das spricht sich herum und zerstört Ihren Ruf. Außerdem wird es Ihrem aktuellen Chef nicht verborgen bleiben. Bewerbungen sind nur dann sinnvoll, wenn Sie ohnehin wechselwillig sind und sich auch jenseits der Gehaltsfrage für das von Ihnen kontaktierte Unternehmen interessieren.

Sie können aber auch alleine versuchen, ein Gefühl für Ihren aktuellen Marktwert zu entwickeln. Die folgende Checkliste hilft dabei. Kreuzen Sie die zutreffenden Felder an, und verbinden Sie die Kreuze zu einer Linie (5 ist die beste, 1 die schlechteste Bewertung). Je mehr die Linie nach rechts tendiert, desto bessere Karten haben Sie in Gehalts- beziehungsweise Honorarverhandlungen. Ausschläge nach links signalisieren Handlungsbedarf bei Ihrer Qualifikation oder Eigen-PR (siehe Abbildung 9).

Mit dem neuen Wissen über Ihren Marktwert können Sie Gehalts- oder Honorarverhandlungen besser in Angriff nehmen – egal ob mit Ihrem aktuellen Arbeitgeber/Kunden oder für eine neue berufliche Herausforderung. Während Freiberufler und Selbstständige über einigermaßen transparente Tagessätze oder Produktpreise bezahlt werden, müssen Angestellte zusätzlich berücksichtigen: Die Zeiten der 13 Festgehälter pro Jahr sind lange vorbei. Immer mehr Menschen werden nach komplexen Entlohnungsmodellen bezahlt, die sich aus folgenden Bausteinen zusammensetzen können (je nach Job-Niveau):

- Brutto-Grundvergütung (Basisgehalt, tariflich oder außertariflich),

Abbildung 9: Ihr Marktwert

Ihr Profil	1	2	3	4	5
Ausbildung: Haben Sie eine für Ihre aktuelle beziehungsweise gewünschte Tätigkeit ausreichende Ausbildung?					
Weiterbildung: Verfügen Sie über das neueste Know-how für Ihren Beruf?					
Image: Wie steht es um Ihre Bekanntheit und Ihren Ruf (im Unternehmen, in der Branche)?					
Referenzen: Können Sie mit erfolgreich gemeisterten Jobprojekten beziehungsweise namhaften Kunden aufwarten?					
Empfehlungen: Werden Sie in Ihrem Unternehmen/Markt weiterempfohlen?					
Arbeitsquantität: Sind Sie belastbar und organisationsstark?					
Lebenslauf: Engagierten Sie sich bisher stark und erfolgreich für Ihren bisherigen beruflichen Werdegang?					
Erreichtes: Haben Sie Führungs-, Personal- und/oder Budgetverantwortung?					
Eigenschaften: Verfügen Sie bei ehrlicher Betrachtung über die Fähigkeiten und Eigenschaften, die in Ihrem Beruf zum Erfolg führen?					
Netzwerke: Tragen Ihre Netzwerke und Kontakte zu Ihrem beruflichen Fortkommen bei? Bringen Ihre Netzwerke einen Nutzen für Ihre Firma/Ihren Auftraggeber?					
Der Markt					
Konkurrenz: Wie viele Personen mit ähnlichen Fähigkeiten gibt es im Markt?					
USP: Ist Ihr Angebot einmalig oder austauschbar?					
Erwartungen: Haben Sie etwas zu bieten, was in Ihrem speziellen Berufsumfeld gerade jetzt besonders gefragt ist?					
Die aktuellen Spielräume					
Konjunktur: Geht es der Wirtschaft derzeit gut? Können überdurchschnittliche Gehälter gezahlt werden?					
Arbeitsmarkt: Wie hoch ist die Arbeitslosigkeit in Ihrem Bereich? Gibt es ein Über- oder Unterangebot an Fachkräften?					
Vergleich: Können Sie im Vergleich mit Kollegen/Konkurrenten klare Belege für Ihre unterdurchschnittliche Bezahlung auf den Tisch legen?					
Ist-Zustand: Gibt es bei Ihrem Einkommen realistischerweise noch Spielraum nach oben oder haben Sie Ihren Marktwert schon fast ausgereizt?					

5 = Ich bin überdurchschnittlich gut positioniert. Die aktuelle Lage ist von großem Vorteil für mich.
4 = Ich bin gut positioniert. Die aktuelle Lage wirkt sich grundsätzlich positiv aus.
3 = Ich nehme einen Durchschnittsplatz ein. Die aktuelle Lage wirkt sich neutral aus.
2 = Meine Positionierung weist klare Schwächen auf. Die aktuelle Lage belastet eher.
1 = Ich bin sehr schlecht positioniert. Die aktuelle Lage schadet mir.

- feste Zusatzleistungen (zum Beispiel Urlaubs-, Weihnachtsgeld),
- variable Zusatzleistungen (Bonus, Gewinnbeteiligung, Gratifikation), Firmenwagen und -parkplatz, Jobticket für öffentliche Verkehrsmittel, BahnCard,
- Standortzulage, Mietzuschuss (zum Beispiel bei Einsätzen in extrem teuren Hauptstädten wie London),
- betriebliche Altersvorsorge (zum Beispiel Pensionsfonds, Direktversicherung),
- Kantine oder Essensgutscheine,
- individuelle Dauer der Arbeits- und Urlaubszeit,
- Überstundenvergütung oder Arbeitszeitkonto,
- Mitarbeiteraktien (Unternehmensbeteiligung),
- Aktienoptionen,
- firmenfinanzierte Weiterbildung,
- firmenfinanzierter Heimarbeitsplatz,
- Kinderbetreuung (zum Beispiel Betriebskindergarten),
- Firmendarlehen oder Mitarbeitereinkaufsrabatte.

Sie sehen: Das Festgehalt ist noch lange nicht alles. Arbeitgeber, die hier tendenziell geizig sind, können vielleicht bei anderen Einkommensbestandteilen zu mehr Großzügigkeit überredet werden. Und gerade für Leute mit einem hohen Einkommen bedeutet jeder Euro mehr Festgehalt eine höhere Steuerprogression. Da kann es mitunter cleverer sein, das Fixum einzufrieren und sich das Gesamtpaket mit anderen »Schmankerln« aufbessern zu lassen. Ohnehin werden ab einer bestimmten Einkommenshöhe immaterielle Faktoren wie Arbeitsklima, Freizeit und herausfordernde Projekte immer wichtiger für die Entscheidung, ob man im aktuellen Job bleibt beziehungsweise einen angebotenen annimmt.

Wenn Sie aber doch auf mehr Geld und Sonderleistungen aus sind, dann helfen diese Tipps:

Ziehen Sie mutig ins Feld. Vor dem Gehaltsgespräch findet in Unternehmen mit moderner Personalpolitik in aller Regel das so genannte Zielerreichungsgespräch statt. Zu Beginn eines Geschäftsjahres legen Mitarbeiter mit ihrem Vorgesetzten persönliche Ziele fest, die teils mit dem operativen Geschäft zu tun haben (zum Beispiel ein Vertriebsmitarbeiter will seinen Umsatz um fünf Prozent erhöhen) und teils die persönliche Entwicklung betreffen (eine Vorstandssekretärin möchte ihr Wirtschaftsenglisch in Kursen vervollkommnen). Am Ende des Geschäftsjahres wird Bilanz gezogen, welche der Ziele zu welchem Grad erreicht wurden. Das ist wichtig für die Höhe der leistungsabhängigen Vergütung (Bonus) und auch Grundlage dafür, ob Sie für das kommende Jahr eine Erhöhung ihres Fixgehaltes fordern können. Viele Angestellte sehen diesen zwei Terminen im Jahr mit gemischten Gefühlen entgegen – es könnte einem ja schließlich vom Chef der Kopf gewaschen werden. Dann rückt die dringend nötige Gehaltserhöhung in weite Ferne. Mit dieser negativen Einstellung schaffen Sie aber nur eine sich selbst erfüllende Prophezeiung. Sie kommen schon mit eingeknicktem Kopf in das Gespräch, haben keine guten Argumente für Ihren Chef parat, bekommen nicht das Gewünschte und gehen mit noch eingeknickterem Kopf wieder raus. Dabei kann es auch anders und besser für Sie laufen.

Setzen Sie sich realistische Ziele. Wer die Latte zu hoch legt und dann nicht darüber springen kann, der demotiviert sich nicht nur. Er bugsiert sich auch ungewollt in die Verliererposition. Also sollten Sie zu Geschäftsjahresbeginn mit ihrem Vorgesetzten zwar ehrgeizige, aber realistische Ziele vereinbaren. In Zeiten eines konjunkturellen Abschwungs kann kein Außendienstmitarbeiter gegen den Trend zehn Prozent Umsatzplus schaffen. Wenn Ihnen als Abteilungsleiter gerade zwei Planstellen gestrichen wurden, kann Ihr Team nicht gleichzeitig zwei neue Großprojekte bewältigen. Als Verantwortlicher für die neue E-Business-Plattform Ihres Unternehmens werden Sie nicht die Nutzerzahl verdoppeln können, wenn Ihnen gleichzeitig das Marketingbudget halbiert wird. Wehren Sie sich ausdrücklich dagegen, wenn Ihr Vorgesetzter Ihnen utopische Ziele in die Zielvereinbarung diktieren will. Wenn Sie dagegen realistische Ziele übererfüllen, ist das wieder ein Pluspunkt für Ihre Eigen-PR.

Bereiten Sie sich auf das Zielerreichungs- beziehungsweise Gehaltsgespräch vor. Am Ende des Geschäftsjahres entscheidet vielleicht eine halbe bis eine Stunde darüber, ob Sie die Früchte Ihrer Arbeit auch ernten können. So lange dauert in der Regel das Gespräch, an dessen Ende Ihr Vorgesetzter die Höhe Ihres Bonus festlegt und über eine Gehaltserhöhung fürs kommende Jahr befindet. Sie haben also nicht lange Zeit, um Ihren Chef zu überzeugen. Deshalb: Machen Sie Ihre Hausaufgaben! Dazu gehören plausible Antworten auf folgende Fragen:

1. Wie viel Geld und sonstige Leistungen will ich überhaupt fordern?

2. Wieso sollte ich meiner Firma in Zukunft mehr Geld wert sein? (Nur weil Sie mehr Geld brauchen, wird Ihnen noch keiner mehr geben. Sie müssen schon Ihren Nutzen fürs Unternehmen darlegen!)

3. Welche Leistungen und Erfolge kann ich für meinen gestiegenen Marktwert anführen?

4. Was habe ich Gutes für die Firma getan und was werde ich in Zukunft tun? Muss und kann ich dies mit Unterlagen belegen?

5. Wie stehen meine Leistungen im Vergleich zu denen von Kollegen da? Achtung: Reden Sie andere nicht schlecht, sondern sich gut.

6. Wieso ist selbst in einer schwierigen Konjunktur- und/oder Firmensituation eine Gehaltserhöhung für mich begründbar?

   . . . .

7. Welche Leistungen abseits einer Festgehaltaufstockung wären für mich attraktiv?

   . . . .

8. Welche Bedingungen, die an eine Gehaltserhöhung geknüpft wären, bin ich bereit zu akzeptieren (zum Beispiel längere Arbeitszeiten, Auslandseinsätze, mehr Verantwortung)?

   . . . .

9. Mit welchen Gegenargumenten des Vorgesetzten muss ich rechnen und wie kann ich diese kontern? Typische Chef-Sätze sind zum Beispiel »Ich würde Ihnen ja gerne mehr geben, aber der Firma geht es schlecht, die Konjunktur lahmt, die Konkurrenz ist so brutal, das wird der Vorstand nie genehmigen, ...«.

   . . . .

10. Wie reagiere ich auf Vorwürfe oder Kritik? Welche glaubwürdigen Erklärungen für Pannen und Misserfolge der vergangenen Monate gibt es und welche Verbesserungsvorschläge sollte ich machen?

    . . . .

11. Welche Verhandlungsstrategien kann ich mir zurechtlegen, wenn gleich beim ersten Versuch ein knallhartes »Nein« kommt?

    . . . .

12. Was muss ich über die Position und die Pläne meines Chefs im Unternehmen wissen, um vorab seine Argumente und Verhandlungstaktik abschätzen zu können?

    . . . .

13. Bin ich bereit, im Falle extremer Sturheit des Chefs mit Kündigung zu drohen – mit allen Konsequenzen? Habe ich zum Beispiel Angebote von Konkurrenzfirmen bekommen? Achtung: Die muss es wirklich geben, Bluffen ist hier gefährlich. Setzen Sie diese Angebote aber höchstens als psychologischen Verstärker ein, nie als Erpressung (»Entweder ich bekomme mehr Geld, oder ich gehe.«). Man könnte Ihnen sagen: »Na, dann gehen Sie doch!«. Wenn allerdings im Konfliktfall ein Arbeitsplatzwechsel für Sie als ultima ratio ernsthaft in Betracht kommen sollte, dann könnten Sie mit Ihrem jetzigen Chef natürlich bis aufs Äußerste verhandeln.

. . . .

Arbeiten Sie an Ihrer Corporate Identity und Eigen-PR. Erinnern Sie sich an die Kapitel 3 und 4, wo es um Ihre Stärken und deren günstige Darstellung ging? Vieles davon können Sie im Gehaltsgespräch, aber auch bei Honorarverhandlungen mit Kunden nutzen. Rufen Sie sich Kernbotschaften in Erinnerung (warum bin ich gut? warum verdiene ich es, mehr Geld zu bekommen?), Körpersprache (wie schaffe ich es, überzeugend und sympathisch zu wirken?), Kommunikationsfähigkeit (wie kleide ich meine Argumente in eine treffende, überzeugende Sprache?), Typ und Stil (wie bewahre ich meine Authentizität und Würde, auch wenn das Gespräch härter wird?).

Meiden Sie Fallen. Typische Erfolgskiller in Gehaltsverhandlungen sind Jammern (Ihr Chef ist nicht für Ihre häusliche Situation verantwortlich), Fantastereien (mit einer völligen Überschätzung Ihrer Einkommensmöglichkeiten machen Sie sich unglaubwürdig – vorher den Marktwert ermitteln), Prahlen (wer nur mittelmäßige Leistung bringt, sollte sich nicht zu sehr auf die Brust schlagen), Kollegenschelte (bleiben Sie bei Kritik an Kollegen immer sachlich und versuchen Sie nicht, andere schlecht zu machen, damit Sie besser dastehen), Drohungen (wenn Sie nicht ernsthaft bereit sind, dem

Chef alles vor die Füße zu werfen, sollten Sie damit auch nicht drohen), Betteln (geben Sie niemals Ihre Würde preis), Erpressung (kein seriöses Unternehmen lässt das mit sich machen, sondern schmeißt Sie lieber raus), Verunglimpfungen (persönliche Angriffe auf den Chef sind tabu).

Ihre private Bilanz

Wenn Sie Ihre Einnahmen im Griff haben oder diese Aufgabe jetzt gezielt angehen, müssen Sie sich auch dem leidigen Thema der Ausgaben zuwenden. Wirtschaftlich ist die Ich AG nichts anderes als ein kleines Unternehmen mit Mittelzuflüssen (Gehalt, Bonus, Zinseinnahmen, Honorare), aber auch einem steten Strom an Mittelabflüssen (Miete, Immobilienfinanzierung, Lebenshaltung, Freizeit, Sparen).

So antiquiert es sich auch anhören mag: Wenn Sie Ihre Finanzen dauerhaft im Griff haben und nach dem Berufsleben nicht schmerzhafte Einschnitte am Lebensstandard in Kauf nehmen wollen, dann führen Sie ein Haushaltsbuch. Nennen wir es einfach »Ihre private Bilanz« (siehe Abbildungen 10 und 11). Sie besteht aus zwei Teilen: einer Liste von laufenden Einnahmen und Ausgaben sowie einer Gegenüberstellung von Vermögen und Schulden. Wichtig ist, dass Sie ehrlich zu sich selbst sind und alle Belege beziehungsweise Dokumente in einem Ordner beieinander haben.

Durch eine solche Privatbilanz werden Sie sich über Ihre aktuellen Finanzgegebenheiten klar und erkennen:

Fehlentwicklungen Steuern Sie entgegen, wenn dauerhaft mehr ausgegeben als eingenommen wird. Die Schuldenfalle lauert auch bei mittleren und hohen Einkommen!

Versorgungslücken Sie haben bisher nichts für die Altersvorsorge getan? Je jünger Sie heute sind, desto weniger werden Sie aus der

Abbildung 10: Einnahmen und Ausgaben

Einnahmen monatlich	€	**Ausgaben monatlich**	€
		KONSUM	
Gehalt netto		Miete/Immobilienkredit	
Gehalt Partner netto		Wohn-Nebenkosten	
sonstige Einnahmen (zum Beispiel Zinsen, Mieteinnahmen, anteilige Anrechnung von Tantiemen, Boni, Weihnachtsgeld etc.)		Lebenshaltungskosten (Die genaue Ermittlung über einen längeren Zeitraum wird durch ein klassisches Haushaltsbuch ermöglicht. Vorlagen gibt es zum Beispiel beim Statistischen Bundesamt.)	
Kindergeld		Zinsen/Tilgung für Darlehen	
sonstige staatliche Hilfe		Freizeit, Urlaub (anteilig)	
usw.		Auto (Versicherung, Wartung, Benzin, Sparen für neuen Wagen)	
		Kommunikation (Abos, Telefon, Internet)	
		Mitgliedsbeiträge	
		usw.	
		Zwischensumme laufende Kosten	
		GRUNDSICHERUNG	
		Berufsunfähigkeitsversicherung	
		Hausrat-/Haftpflichtversicherung	
		Krankentagegeld-Versicherung	
		VORSORGE	
		Lebensversicherung	
		Bausparvertrag	
		Riester-Rente	
		VERMÖGENSBILDUNG	
		Aktien-Sparplan	
		sonstige Investments	
I. Summe Einnahmen		**II. Summe Ausgaben**	
Überschuss		**Unterdeckung**	

Abbildung 11: Vermögen und Schulden

Vermögen	€	Schulden	€
»Waschmaschinen-Konto« (Notkonto für plötzlichen Finanzbedarf, zum Beispiel Reparaturen im Haushalt oder am Auto. Empfehlung: drei Netto-Monatsgehälter.)		Kredit Immobilie	
Lebensversicherung		Konsumschulden	
Bausparvertrag		Kredit Auto	
Riester-Rente		usw.	
Aktienfonds			
Zeitwert Immobilie			
sonst. Investments			
usw.			
Summe Vermögen		**Summe Schulden**	
Vermögensüberschuss		**Schuldenüberschuss**	

gesetzlichen Rente bekommen. Ihre Privatbilanz zeigt, welche Beträge Sie realistischerweise monatlich für die Alterssicherung investieren können.

Verschwendung Wer einmal im Jahr Bilanz zieht und monatlich die variablen Kosten für Lebensmittel und Freizeitaktivitäten in einem Haushaltsbuch auflistet, der wird künftig sehr genau wissen, wofür das Geld verwendet wird und wie man es besser unter Kontrolle halten kann.

Engpässe In manchen Monaten häufen sich die Kosten: Jahresbeitrag der Autoversicherung, Steuernachzahlung, Reisebürorechnung für den Sommerurlaub. Damit Sie in solchen Zeiten nicht in einen finanziellen Engpass kommen, sollten Sie die Kosten vorsorglich auf zwölf Monate umlegen, damit Sie in den Monaten ohne größere Kostenblöcke nicht zu viel ausgeben.

Ein weiterer Vorteil der Privatbilanz: Sie erkennen frühzeitig eine Gefahr, die besonders bei einem schnellen beruflichen und/oder finanziellen Aufstieg droht – die Fixkostenfalle. Natürlich ist es nur allzu menschlich, dass man bei steigendem Einkommen auch seinen Lebensstandard verbessert. Erst das größere Auto, dann der Zweitwagen, vielleicht noch ein Cabrio für den Sommer. Die Mietwohnung wird gegen die Eigentumswohnung getauscht, und wenn Kinder kommen, steht der Umzug ins (kreditfinanzierte) Haus an. Aldi und Pizzeria weichen dem Feinkostladen und dem Edel-Italiener. Zwei Urlaube im Jahr sind selbstverständlich auch drin.

Ehe Sie sich versehen, sitzen Sie auf einem großen Berg laufender Kosten, die teils durch Konsumverzicht gar nicht mehr zu senken sind (zum Beispiel Kreditzinsen, Leasingverträge). Wenn dann Arbeitslosigkeit, Wegfall des zweiten Verdienstes in der Familie, Gehaltskürzung durch eine akute Krise beim Arbeitgeber, Krankheit oder Einkommenslücken durch berufliche Umorientierung dazwischenkommen, gerät Ihre private Bilanz schnell in Schieflage. Achten Sie also darauf, dass Sie Kontrolle über die Höhe Ihrer laufenden Kosten behalten und sich nicht bis an die Halskrause in langfristige und unflexible Verpflichtungen begeben. So bewahren Sie sich persönliche Unabhängigkeit und vermeiden es, ausschließlich für die Kostendeckung zu arbeiten. Das hilft im Übrigen auch bei Bemühungen, zu der im übernächsten Kapitel beschriebenen Balance zwischen Arbeit und Freizeit zu kommen.

♀ Die Ich AG für Frauen

Frauen und Geld, das ist ein Thema voller Facetten und Widersprüche: In einer großen Zahl von Familien sind die Frauen Schatzmeister. Frauen wird ein rationaleres, besonneneres und weniger mit Macht assoziiertes Verhältnis zum Geld nachgesagt. Als Finanzvorstandsfrau, Kämmerin einer Kommune, Finanzministerin und Kassenwartin machen Frauen eine sehr gute Figur. Die Kehrseite der Medaille: Frauen verdienen im Schnitt noch immer weniger für die gleiche Arbeit als Männer, sind oft nach einer Scheidung finanziell schlechter gestellt (zumal als Alleinerziehende), haben weniger Rente (wegen des durchschnittlich geringeren Einkommens und der eventuellen Babypause/n) und sind somit häufiger von Altersarmut betroffen. Sie sollten die Lehren daraus ziehen:

- Fordern Sie für gleiche Arbeit gleiches Geld.
- Lassen Sie sich nicht länger mit ideeller Belohnung abspeisen. Lob und Geliebtwerden sind fein – ein Bonus und eine Betriebsrente sind besser!
- Kümmern Sie sich frühzeitig um eine gewinnbringende Geldanlage – das verschafft Ihnen Unabhängigkeit.
- Sorgen Sie in Ihrer Partnerschaft für klare finanzielle Verhältnisse – zum Beispiel durch einen Ehevertrag und/oder Vermögensaufbau auf eigenen Namen.
- Koppeln Sie sich nicht zu lange vom Job ab – durch eine faire Aufteilung der Haushalts- und Erziehungsarbeit mit dem Partner.
- Schließen Sie Lücken in der gesetzlichen Rente durch private Altersvorsorge.
- Lassen Sie sich von Rollenbildern und der Werbung nicht länger dazu verführen, viel Geld in schnelllebige Konsumartikel zu stecken – ein ordentlicher Kontostand macht Sie stärker und unabhängiger als jede Dauerwelle oder der x-te Ring am Finger!
- Holen Sie sich Rat bei vertrauenswürdigen Experten und brechen Sie das »Über Geld spricht man nicht« – Tabu.

Strukturierte Finanzplanung

»Zu kompliziert!«, »Da steigt doch keiner durch.«, »An der Börse wird man eh nur abgezockt.«, »Finanzplanung ist nur was für Reiche.«, »Da verdienen sowieso nur die Banken.«, »Ich will nicht auf so einen windigen Berater reinfallen.« – so lauten häufige Vor- beziehungsweise Fehlurteile, wenn es um das systematische Management von privaten Finanzen geht.

Vieles davon sind bloß Ausreden, um die eigene Trägheit zu vertuschen. Klar ist ein Abend in der Kneipe mit Freunden allemal netter als das Brüten über Kontoauszügen und Investmenttipps. Es ist Ihre Entscheidung: Weiter wie bisher? Das können Sie nur sagen, wenn Ihnen Geld und Lebensstandard entweder völlig egal sind oder Sie durch Leistung oder Glück für alle Zeiten finanzielle Mittel im Überfluss haben. Wenn Sie also weder der eine noch der andere Typ sind, dann beginnt der Einstieg in die strukturierte Finanzplanung mit der Formulierung Ihrer Ziele (erst die Ziele, dann die Umsetzung).

Aus den vier wichtigsten übergeordneten Geldthemen – Konsum, Grundsicherung, Vorsorge und Vermögen – können Sie Ihre ganz persönlichen Ziele ableiten (siehe Abbildung 12), zum Beispiel so:

Abbildung 12: Die vier übergeordneten Geldthemen

Konsum, zum Beispiel

- nicht jeden Euro umdrehen müssen
- Urlaub
- Freizeitvergnügen
- Hobbys

Grundsicherung, zum Beispiel

- bei Schicksalsschlägen »flüssig« bleiben
- Armutsrisiko abwenden

Vorsorge, zum Beispiel

- Familie absichern
- Eigenheim als »zweite Rente«

Vermögen, zum Beispiel

- Aufbesserung der gesetzlichen Rente
- finanzielle Unabhängigkeit (»Aussteigen«)
- Sabbatjahr
- Firmengründung

Grundsicherung Jeder sollte bisher erreichtes Einkommen möglichst früh gegen Schicksalsschläge absichern. Unfälle, Krankheiten, Missgeschicke oder Todesfälle können sehr schnell zu ernsten finanziellen Nöten führen. Stichworte sind Berufs- und Erwerbsunfähigkeitsversicherung, Krankentagegeld, private Haftpflicht, Hausratsversicherung. Zum empfehlenswerten Standard gehört auch das so genannte »Waschmaschinenkonto« – eine täglich verfügbare Finanzreserve für Unvorhergesehenes (kaputtes Auto, Reparaturen, Auslagen für die Gesundheit etc.)

(Alters-)Vorsorge Nur eins ist bei diesem Thema sicher – die Rentenlücke. Je jünger man ist, desto dringender ist der Einstieg in die zusätzliche private Altersvorsorge. Nur so sind große Einbußen im Rentenalter zu vermeiden. Die Kunst ist, Angebote der privaten und betrieblichen Zusatzrente mit all ihren Fördermöglichkeiten richtig zu kombinieren. Stichworte: staatlich geförderte Rentenprodukte (»Riester-Rente«), Direktversicherung, private Rentenversicherung, Kapital-Lebensversicherung, Bausparen/Immobilien.

Vermögen Mit zunehmendem Alter kann jeder ein kleines Vermögen ansparen. Voraussetzungen: diszipliniert sparen, die Finanzen rechtzeitig planen und regelmäßig anpassen – an die Verfassung der Kapitalmärkte ebenso wie an die eigene Lebenssituation. Stichworte: Wertpapiere, Investmentfondssparpläne, Immobilienfinanzierung. Je nach Alter und Vermögenssituation kommen Steueroptimierung, Erben, Schenkungen und Sofortrente dazu.

Überlegen Sie sich Ihre kurz-, mittel- und langfristigen finanziellen Ziele anhand nachfolgender Übersicht.

Meine finanziellen Ziele

- in einem Jahr:

  Konsum ....

Grundsicherung ....

Vorsorge ....

Vermögen ....

- in fünf Jahren:

Konsum ....

Grundsicherung ....

Vorsorge ....

Vermögen ....

- in zehn bis 15 Jahren

Konsum ....

Grundsicherung ....

Vorsorge ....

Vermögen ....

Sie können auf diese Weise ganz individuell Ihre Finanzziele bestimmen – aber auch kräftig daneben liegen. Aus dem Blick der Jugend heraus denkt so mancher vielleicht nicht oder zu spät an die Sicherung des Lebensstandards im Alter. Oder man verdrängt als gesunder, dynamischer Mensch das Risiko einer Berufsunfähigkeit oder eines langen Verdienstausfalls. Daher ist es ratsam, sich die Empfehlungen von Experten anzuschauen. Die meisten Banken und Finanzdienstleister bieten kostenlos oder gegen eine überschaubare Gebühr eine persönliche Finanzanalyse an. Sie sollte am Anfang jeder strukturierten privaten Vermögensplanung stehen.

⌘ Die Ich AG vernetzt

Wie arbeitet der Finanzvorstand mit seinen Kollegen der Ich AG zusammen?

- als Rückhalt für den Vorstandsvorsitzenden: Mit soliden Finanzen im Rücken können Sie Ihren persönliche Lebensentwurf viel entspannter umsetzen (siehe Kapitel 2).
- als Sparringspartner für Personalvorstand und Betriebsrat: Beide müssen ihr Auskommen finden. Einseitige Konzentration aufs Einkommen kann ungesund werden, und bei allem Bemühen um work-life-balance brauchen Sie ein ausreichendes Einkommen (siehe Kapitel 7).
- als Erfolgsbarometer für den Innovationsvorstand: Eine bessere Qualifikation schlägt sich für Sie nach aller Erfahrung in einem besseren Einkommen nieder (siehe Kapitel 6).

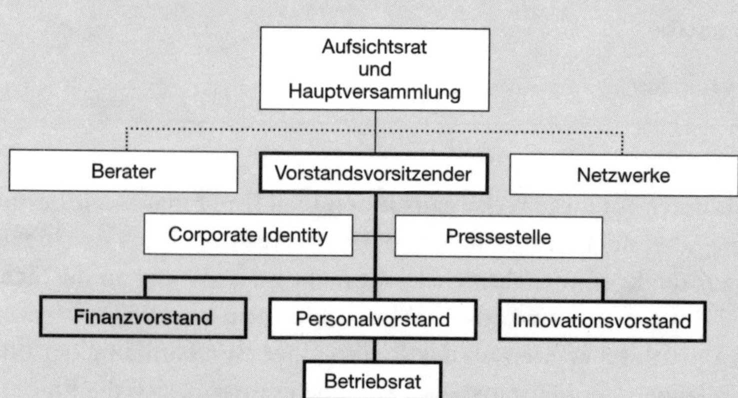

6

Der Innovationsvorstand: Machen Sie die Ich AG schlau

»Innovation« oder »Forschung und Entwicklung« sind in Unternehmen diejenigen Bereiche, die für die permanente Aktualisierung des Wissens verantwortlich sind. Nur wenigen Firmen gelingt es, einmal ein Patent angemeldet oder ein Produkt zur Marktreife gebracht zu haben und dann Jahrzehnte damit Geld zu verdienen – ohne sich weiter zu entwickeln. Die Mehrzahl der Betriebe ist gezwungen, Produkte und Dienstleistungen stets auf dem neusten Stand zu halten. Und auch das Know-how der Mitarbeiter, die interne Organisation, Marketing und andere Unternehmensfunktionen müssen in einem ständigen Verbesserungsprozess überprüft werden. Sonst zieht die Konkurrenz vorbei, gute Mitarbeiter werden abgeworben, und Kunden wenden sich anderen Angeboten zu. Daher sind die Abteilungen Forschung & Entwicklung ebenso wie Unternehmensentwicklung mittlerweile fest etablierte Vorstandsressorts. Immer mehr Unternehmen machen damit ihre Zukunftssicherung zur Chefsache.

Nicht anders ist es bei der Ich AG. Ihr Innovationsvorstand kümmert sich um das Wissen, das Sie brauchen, um Ihre selbst gesteckten beruflichen und privaten Ziele zu erreichen. Der moderne Ich-Unternehmer muss dabei mehr in seinem Instrumentenkasten haben als Allgemein- oder Schulbildung. Gefragt sind Schlüsselqualifikationen für erfülltes Leben und Arbeiten. Da der Staat als potenzieller Vermittler von Bildung und Know-how in der Krise steckt, wird die Aneignung von erfolgversprechenden Fähigkeiten immer mehr zur Privatsache – und somit zur strategischen Aufgabe der Ich AG.

Wenn Ihr Innovationsvorstand eine Job-Beschreibung braucht, um richtig arbeiten zu können, dann könnte diese so aussehen:

- vorhandene Talente erkennen, ausbauen, vermarkten und in den Dienst der persönlichen Ziele stellen,
- alles Nötige an Wissen und Fähigkeiten aufbauen, um den gewählten Job gut zu machen, den Marktwert zu erhöhen, beruflich weiter zu kommen oder neue Herausforderungen anzupacken,
- Know-how erwerben, dass einen respektvollen und konstruktiven Umgang mit anderen Menschen ermöglicht.

So, nun kann es losgehen mit der persönlichen Qualifikationsoffensive. Sie hat zwei Ebenen:

Das passt zu Ihnen Finden Sie heraus, welche Tätigkeit(en) Sie wirklich gut und sinnerfüllt ausüben können. Qualifizieren Sie sich für diese Tätigkeiten und erobern Sie eine Position.

Der Instrumentenkasten für Ihren Erfolg Eignen Sie sich so viel Know-how wie möglich an, das Sie gleich in welchem Beruf und auf welcher Karrierestufe voranbringt.

Das passt zu Ihnen

Am Beginn stehen Ihre Neigungen und Talente. In Kapitel 2 hatten Sie bereits Gelegenheit, sich über Ihre allgemeinen Ziele klar zu werden. Jetzt geht es um Ihre Talente und Ihre Vorstellungen von erfüllter Arbeit. Denn was nutzt das dritte von der Firma angebotene Seminar »Rechnungswesen für Nicht-BWLer«, wenn Sie viel lieber in der Presse- und Öffentlichkeitsarbeit tätig wären? Wieso sollten Sie sich eine zeit- und kostenintensive MBA-Zusatzausbildung antun, wenn Sie in Wirklichkeit gar nicht glücklich sind als Manager und die Verantwortung Ihnen mehr Last als Lust ist? Aber vielleicht entdecken Sie ja auch, dass Sie in Ihrer aktuellen Tätigkeit hoffnungslos unterfordert sind und viel mehr in Ihnen schlummert. Der folgende Fragebogen könnte es an den Tag bringen.

Meine Vision von erfülltem Arbeiten

1. Meine aktuelle Tätigkeit

Was genau sind meine Aufgaben und Verantwortlichkeiten?

. . . .

Mache ich meinen Job in der Regel gut oder schlecht?

. . . .

Bin ich die meiste Zeit motiviert oder arbeite ich lange Phasen hindurch nur fürs Geld beziehungsweise Prestige?

. . . .

Sehe ich in meiner Arbeit einen Sinn? Passt Sie zu meinen persönlichen Werten und Zielen?

. . . .

Habe ich am Arbeitsplatz Gestaltungsspielräume, die es mir erlauben, Positives auszubauen und Missstände zu beseitigen?

. . . .

2. Meine Talente und Leidenschaften

Was kann ich richtig gut – egal ob im Beruf oder privat (siehe Stärkenprofil in Kapital 3)?

. . . .

Bei welcher Tätigkeit empfinde ich am meisten Freude, Befriedigung und Sinn?

. . . .

Lebe ich meine Talente und mein Sinn-Empfinden mehrheitlich im oder außerhalb meines aktuellen Jobs aus?

Was würde ich beruflich oder ehrenamtlich tun, wenn ich finanziell ausgesorgt hätte?

warum tue ich es nicht jetzt schon??

3. Ergebnis

Welches Ergebnis leite ich für mich aus den bisherigen Antworten ab?

Wenn Sie bis hierher ehrlich zu sich waren, dann müssten Sie jetzt eigentlich in der Lage sein, den richtigen nächsten Schritt zu tun.

Gehören Sie zu der beneidenswerten Gruppe, die Ihre Talente und Fähigkeiten auf befriedigende und sinnvolle Weise im aktuellen Job umsetzen kann? Glückwunsch! Auf Sie wartet folgende Checkliste, mit der Sie noch besser durchstarten können:

Job o.k. – und so soll's bleiben!

1. Habe ich das für meinen Beruf notwendige Wissen und Know-how?

2. Die Welt entwickelt sich permanent weiter: Welche Fähigkeiten sind in naher und mittlerer Zukunft entscheidend für den Erfolg in meinem Beruf?

3. Wo kann ich mich seriös und zielführend weiterbilden?

4. Was kostet das und wie unterstützt mich mein Arbeitgeber?

5. Wie setze ich meine Berufszufriedenheit und meine Qualifikationen so ein, dass sich mein Marktwert und meine Bekanntheit kontinuierlich erhöhen (siehe Kapitel 4 und 5)?

Oder gehören Sie der großen Gruppe an, die irgendwie von einer anderen, befriedigenderen Arbeit träumt, bisher aber nicht mutig, konsequent oder frustriert genug für einen Wechsel war? Dann bleiben Sie weiterhin so ehrlich zu sich wie beim Beantworten Ihrer Vision vom erfüllten Leben und stellen sich auch folgende Fragen:

Was will ich wirklich?

1. Für was kann ich mich wirklich begeistern und engagieren? Wobei blühe ich auf?

2. In welcher (Berufs-)Tätigkeit kämen meine Talente und Fähigkeiten am besten zur Entfaltung?

3. Bin ich für diese Tätigkeit formal ausgebildet? Kann/darf ich sie als Quereinsteiger ausüben?

4. Welche Qualifikationen müsste ich noch erwerben? Wie viel Zeit und Geld kostet mich das? Wo bekomme ich die beste Weiterbildung?

5. Kann ich mich aus meinem aktuellen Job in die neue Tätigkeit hinein entwickeln und somit ein kontinuierliches Einkommen sichern?

   . . . .

6. Oder ist ein harter Schnitt angesagt? Wie viel Kapital benötige ich dafür (Verdienstausfall, Existenzgründung, Sabbatjahr etc.) und wo kann ich es beschaffen?

   . . . .

7. Bin ich bereit, für einen erfüllteren Job oder mehr Freizeit auf einen Teil meines Einkommens zu verzichten – zumindest vorübergehend?

   . . . .

8. Wie gehe ich mit möglichen Fehlschlägen, Anlaufschwierigkeiten etc. um? Ist mein Selbstbewusstsein dafür gerade ausgeprägt genug?

   . . . .

Meist ist die vorletzte Frage der Dreh- und Angelpunkt aller Überlegungen zu persönlicher und beruflicher Veränderung. »Das kann ich mir nicht leisten.«, »Und wer soll die Familie ernähren?«, »Dann steige ich sozial ab.« – so und anders lauten die Angstszenarien. Das mag mitunter so sein, wenn Ihre einzigen Gradmesser Geld und Status sind. Wenn aber auf der Liste Ihrer Kriterien zusätzlich noch Zufriedenheit, Würde, Lebensbalance, Gesundheit, Liebe und soziale Kontakte stehen, dann ergibt sich eine klassische Mischkalkulation.

Zum Beispiel könnten Sie für einen kleinen Einkommensverlust mehr Zeit, eine glücklichere Partnerschaft und einen besseren Schlaf bekommen. Oder Ihr vermeintlicher sozialer Abstieg eröffnet Kontakt zu neuen Menschen, neuen Freundeskreisen, neuen Kunden. Es kann aber auch ganz anders laufen: Ihre auf Talent und Begeisterung fußende neue Tätigkeit ist so erfolgreich, dass Sie über kurz oder lang mehr verdienen als heute und vielleicht auch noch länger arbeiten – aber dann hoffentlich mit Herzblut. Fazit: So schwarz-weiß

(»Viel Geld verdient man nur mit schwerer Arbeit, und alles was Spaß macht, bringt nichts ein.«) ist die Welt nicht.

Ihre individuelle Richtung haben Sie nun in den Fragebögen herausgearbeitet. Beim Rest hilft ein Sprung zurück zu Ihrem Vorstandsvorsitzenden in Kapitel 2:

Ziele definieren (zum Beispiel »Ich möchte umschulen auf ...«, »Ich möchte mich selbstständig machen«, »Ich interessiere mich in meiner jetzigen Firma für die Abteilung oder die Niederlassung XY.«).

Aktivitäten ableiten und umsetzen (zum Beispiel Bewerbungen, mit Headhuntern sprechen, eine Existenzgründungsberatung aufsuchen, Kapitalgeber auftreiben, Compagnons suchen, im aktuellen Job Zielvereinbarungen schließen und/oder Fortbildung vereinbaren)

Der Instrumentenkasten für Ihren Erfolg

Zusätzlich zu der speziellen Qualifikation für Ihren Traumjob gibt es in der modernen Arbeitswelt Fähigkeiten, die Ihnen in jeder Situation einen entscheidenden Wettbewerbsvorteil bringen – ob als aufstrebender Berufsanfänger, Führungskraft, Umsteiger oder Selbstständiger.

Allgemeinbildung

Mit Allgemeinbildung glänzen Sie vor allem bei den vielen informellen Gelegenheiten, die im beruflichen Alltag auf Sie warten und die womöglich stärker über Ihren Erfolg entscheiden als Sie denken – Small Talk auf Partys und Empfängen, Einladungen von Chefs, Kollegen oder Kunden, Einleitungsgeplauder bei geschäftlichen Telefonaten, die ersten und letzten Minuten in einem Vorstellungsgespräch oder einer Kundenpräsentation. Überall hilft Ihnen ein sicheres Bildungsfundament, Ihr Image zu verbessern, seriös und verlässlich zu wirken und Ihren Gesprächspartner zu überzeugen.

Wir müssten eigentlich immer mehr wissen, begreifen aber de facto immer weniger von unserer hochkomplexen Welt. Gleichzeitig sind allabendlich Millionen Fernsehzuschauer im Quizfieber und testen parallel zu den Kandidaten ihre Allgemeinbildung. Aber was ist das eigentlich? Der klassisch-humanistische Kanon von Geschichte, Literatur und Kunst greift mittlerweile zu kurz, denn Allgemeinbildung umfasst heute zusätzlich grundlegendes technisches und naturwissenschaftliches Verständnis. Und auch die Alltagskultur darf nicht zu kurz kommen, bietet Sie doch einen unerschöpflichen Themenpool für Small Talk aller Art. Etwas für die Allgemeinbildung zu tun, ist gar nicht so schwer und kann richtig Spaß machen. So können Sie durch regelmäßige Lektüre einer guten Tages- und Wochenzeitung bei so gut wie jedem aktuellen Thema mitreden.

Informationskompetenz

Informationskompetenz ist einer der wichtigsten Produktionsfaktoren überhaupt, denn immer mehr Arbeitnehmer und Selbstständige haben heute rein Know-how-basierte, nicht produzierende Tätigkeiten. Informationskompetenz wird also zusehends zum Erfolgsfaktor.

Produktiv, kreativ und selbstbestimmt wird bald nur noch der sein, der sich vor dem drohenden »information overkill« zu schützen weiß. Wenn Sie alltäglich vor Ihrer überquellenden Mailbox sitzen, gleichzeitig wirklich wichtige Dokumente im PC nicht mehr finden und längst den Überblick im Dschungel von Fernsehsendern, Printmedien und Internet-Plattformen verloren haben, dann brauchen Sie dringend Nachhilfe in Sachen Informationskompetenz. Lernen Sie

- Wichtiges von Unwichtigem zu trennen,
- benötigte Informationen schnell zu recherchieren und sicher zu archivieren,
- Medien verantwortungsvoll zu nutzen und Abhängigkeit zu vermeiden.

Diese Aufgaben werden immer schwerer. Schulen, Universitäten und betriebliche Weiterbildung bereiten darauf bislang nur unzureichend vor. Wer also seine Informationskompetenz eigenverantwortlich verbessern will, sollte Spezialkurse aufsuchen. Sie werden von Einrichtungen der Erwachsenenbildung, Medienakademien oder Business Schools angeboten.

Emotionale Intelligenz

Hinter dem Modewort »Emotionale Intelligenz« verbirgt sich ein zutiefst natürliches Phänomen, das in unserer auf Erfolgs- und Gewinnmaximierung getrimmten Welt nur leider immer mehr in Vergessenheit gerät: Wir werden mindestens so sehr von unseren Gefühlen wie von unserem Verstand beeinflusst. Emotionen lassen sich nicht dauerhaft unterdrücken – weder im Privatleben noch im Beruf. Versuchen Sie es besser gar nicht. Die Gefühle melden sich nur umso unkontrollierter und unerwünschter zurück – zum Beispiel in Form von Aggressionen, Angst, psychosomatischen Beschwerden (Schlafstörungen, Verspannungen, Herz-Kreislauf-Problemen) oder Konflikten mit Vorgesetzten, Mitarbeitern und Kunden.

Besser Sie lernen, Ihre und die Gefühle anderer wertfrei wahrzunehmen (Sensibilität), zu respektieren (zum Beispiel Anerkennung von Grenzen) und für Ihre Ziele einzusetzen (Eigen- und Fremdmotivation). Der Wegbereiter der emotionalen Intelligenz in der populärwissenschaftlichen Literatur, Daniel Goleman, nennt sinngemäß fünf grundlegende Fähigkeiten:

Selbstwahrnehmung Hören Sie nach innen, verlieren Sie nicht den Kontakt zu sich, werden Sie nicht zum Karriereroboter.

Selbstregulierung Achten Sie auf Ihre Emotionen, aber machen Sie sich nicht zum Sklaven. Sorgen Sie für eine Balance zwischen Gefühl und Verstand.

Motivation Schöpfen Sie aus Ihrem Wertekanon und Ihrer persönlichen Lebensstrategie (siehe Kapitel 2) Kraft und Antrieb, um Ihre Ziele zu erreichen.

Empathie Fahren Sie Ihre Antennen aus um zu spüren, was andere fühlen. Dann können Sie positive Beziehungen zu einer Vielzahl unterschiedlicher Menschen unterhalten.

Soziale Fähigkeiten Wenn Sie in Kontakt zu sich selbst sind, können Sie auch soziale Beziehungen gut gestalten, zum Beispiel im Team, in Meetings, beim Kunden, als Vorgesetzter.

Eines möchte ich der Liste von Goleman noch hinzufügen: Emotionale Intelligenz hat eine weitere Ausdrucksform, die unser Leben so viel schöner und einfacher macht und die im nun folgenden Abschnitt beschrieben wird: gute Manieren.

Businessetikette

Können Sie sich manchmal des Eindrucks nicht erwehren, dass immer mehr Menschen ihre guten Manieren (damit meine ich nicht die klassischen Knigge-Regeln zum Hummeressen oder Türöffnen, sondern den zwischenmenschlichen Umgang) an der Garderobe abgeben? Oder gehören Sie etwa selbst zu denen, die daheim noch leidlich verträglich sind, im Büro aber anecken, schnauzen und mobben? Führen Sie sich vor Augen, dass Unhöflichkeit kein Ausdruck von Erfolg oder gar Autorität ist und Höflichkeit kein Indiz für karriereschwache »Weicheier« und »Gutmenschen«. Im Gegenteil: Nur gute Umgangsformen zeugen von wahrer Größe, denn der von sich überzeugte und kompetente Mensch braucht kein rüpelhaftes Auftreten. Probieren Sie es einmal: Sie können weiterhin Ihre Position klarmachen, Ihre Argumente im Meeting anbringen, Ihre Forderungen durchsetzen, einen Kollegen oder Mitarbeiter kritisieren – aber ohne anderen Menschen »blaue Flecken auf der Seele« zu verpassen, wie Anne von Blomberg es in ihrem Buch »Der Höflichkeitsfaktor« treffend beschreibt. Wie das geht? Das Zauberwort heißt: Respekt. Respekt verdient jeder Mensch – egal auf welcher Hierarchiestufe. Ausprägungen von Respekt sind unter anderen: sachlich bleiben, Rücksicht nehmen, bitte und danke sagen, sein Recht nicht um jeden Preis durchsetzen, Zivilcourage üben und nicht auf Schwächeren herumhacken, dem anderen stets seine Würde lassen, sich um eine freundliche Grundhaltung bemühen, offen kommunizieren, nicht drohen, lügen oder nötigen. Das Gegenteil von Respekt sind Egoismus, nacktes Erfolgsstreben und Zynismus.

Fremdsprachen und interkulturelle Kompetenz

Ab einem bestimmten Niveau gibt es heute kaum noch einen Beruf, in dem nicht Fremdsprachen verlangt werden. Englisch ist mittlerweile Standard – je nach Beruf reichen die Anforderungen von Grundkenntnissen bis fließend beziehungsweise verhandlungssicher. Wer beruflich vorankommen will, von dem wird außer sehr gutem, berufsbezogenen Englisch auch die Bereitschaft zum Auslandseinsatz erwartet. Eine eventuell nötige zweite Fremdsprache hängt von Tätigkeit und Einsatzort ab. Da gibt es keine Pauschalempfehlung.

Ebenso wichtig wie Sprachkenntnisse ist die so genannte interkulturelle Kompetenz. Damit ist die Fähigkeit gemeint, einfühlsam mit Menschen aus anderen Ländern und Kulturkreisen umzugehen. Schon der Kontakt zu den uns vermeintlich so ähnlichen Amerikanern oder EU-Nachbarn kann zum Fiasko werden, wenn Sie mit einer teutonischen Haltung auftreten und rein gar nichts über andere Länder und Sitten wissen.

Viel gewonnen ist schon einmal, wenn Ihr ausländischer Gesprächspartner Ihr grundsätzliches Bemühen um gute Manieren und Respekt spürt. Denn in fast allen Kulturkreisen ist es eine Katastrophe, wenn Ihr Gesprächspartner durch Sie sein Gesicht verliert (oder zu verlieren glaubt, nur weil Sie unsensibel oder schlecht vorbereitet waren). Zwar verlangt niemand von Ihnen unbedingte Anpassung an die Gepflogenheiten des anderen (so akzeptiert jeder Chinese, wenn Sie nicht mit Stäbchen essen können, freut sich aber über einen aufrichtigen Versuch). Ihre Authentizität darf niemals verloren gehen. Dennoch müssen Sie sich immer über die Machtverhältnisse im Klaren sein: Sind Sie der Gast oder wollen Sie etwas von Ihrem Gegenüber (einen Auftrag, Kapital, eine Empfehlung)? Dann erhöhen sich mit einer gekonnten Anpassung an örtliche Gepflogenheiten Ihre Erfolgschancen ungemein.

♀ Die Ich AG für Frauen

In arabischen Staaten müssen Sie sich besonders in puncto Kleidung gut auf den Geschäftseinsatz vorbereiten. Das heißt konkret: wenig Haut zeigen. Sehr vorsichtig sollten Sie im arabischen Raum, aber auch in europäischen Mittelmeerländern und in Lateinamerika mit Verhaltensweisen sein, die zu Hause als harmlos gelten: offenes Anlächeln, flüchtige Berührungen, Streichen durchs Haar etc. Das kann schnell falsch verstanden werden.

Kommunikation, Verhandlungs- und Gesprächsführung

Das ganze Leben ist Kommunikation. Wir können nicht »nichtkommunizieren« (auch der Rückzug in die Schmollecke nach einem häuslichen Streit oder das Schließen der sonst immer offenen Bürotür ist eine Botschaft). Der oben schon beschriebene Trend zum Wissensarbeiter, der immer weniger auf handwerkliche und dafür immer mehr auf intellektuelle Fähigkeiten angewiesen ist, verstärkt die Bedeutung der Kommunikation – und zwar auf allen Ebenen der Karriereleiter und in allen Berufssparten.

»Banken suchen kommunikative Auszubildende« hieß es im März 2003 in einem Zeitungsartikel. Und weiter liest man: »Die Aussage ›Du musst gut in Mathe sein.‹ trifft auf unser Azubi-Profil nur noch ansatzweise zu«, sagt Adalbert Fleck, bei der Dresdner Bank AG für die Berufsausbildung verantwortlich. Spaß an Zahlen und Finanzen ist zwar wichtig, doch die Lehrherren legen heute auf ganz andere Fähigkeiten Wert. »Wir suchen junge Leute mit Talent, auf Menschen zuzugehen, Kunden seriös zu beraten und unsere Produkte zu verkaufen.«

Was heißt das für die Ich AG? Sie sollten nicht automatisch davon ausgehen, dass Kommunikationsfähigkeit angeboren ist. Nur weil wir ständig von Medien berieselt werden und mit anderen Menschen Kontakt haben, müssen unsere Argumente noch lange nicht verstanden werden und unsere Gesprächspartner noch lange nicht das tun, was wir wollen. Das merken Sie spätestens, wenn es im Gespräch mit dem Chef hakt, Sie Ihren Mitarbeitern nicht die gemeinsamen Ziele klarmachen können, der Kunde die Vorteile Ihres Angebotes nicht bemerkt oder in der Partnerschaft kein Verständnis mehr entsteht.

Daher empfiehlt es sich dringend, die eigenen Kommunikationsfähigkeiten in Spezialtrainings zu vervollkommnen. Dabei werden Sie rasch an die Schnittstelle zur bereits behandelten emotionalen Intelligenz kommen. Denn erfolgreiche Kommunikation auf der einen sowie Selbstbewusstsein, Einfühlungsvermögen und zwischenmenschlicher Respekt auf der anderen Seite sind untrennbar verbunden. Nur in dieser Kombination landen Sie im »magischen« Viereck der Gesprächs- und Verhandlungsführung (siehe Abbildung 13) im Mittelfeld – wo jeder sein Gesicht wahren kann. Sie müssen für Ausnahmefälle aber auch Methoden beherrschen, die Sie bei folgender Abbildung ins Feld rechts oben bringen – zum Beispiel wenn die Situation eine unmissverständliche Entscheidung erfordert oder Ihre Autorität gefragt ist.

Abbildung 13: Das Viereck der Gesprächs- und Verhandlungsführung

Fremd-Interesse	Nachgeben		Überzeugen
		Kompromiss	
	Rückzug		Dampfwalze
	Mein Interesse		

Selbstorganisation und Projektmanagement

Je weiter Sie im Beruf kommen, desto höher wird Ihr Freiheitsgrad, aber auch der Zwang zur Selbstorganisation. Das gilt ganz besonders für Selbstständige. Manche Positionen sind sogar speziell dazu da, andere Menschen zu organisieren (Assistenz, persönliche Referenten, Projekt- oder Teammanager, Büroleiter).

»Liebenswerte Chaoten« – wir kennen sie alle oder sind vielleicht selbst einer – stoßen irgendwann unweigerlich an ihre Grenzen. Das übliche Durcheinander und kleinere Pannen sind vielleicht noch ganz sympathisch. Ein verärgerter Großkunde durch einen geplatzen Termin, Vertragsstrafen nach verspäteter Lieferung oder Auftragsverlust wegen chronischer Unzuverlässigkeit sind hingegen unentschuldbar. Wenn Sie also Aufgaben dieser Art haben oder anstreben, dann wappnen Sie sich mit dem nötigen Handwerkszeug. Eine professionelle Projektmanagement-Software wie zum Beispiel MS Project kann wahre Wunder wirken. Auch für einen Kurs in Schreibtisch- und Aktenorganisation sollte sich niemand zu schade sein – auch kein aufstrebender Manager oder Unternehmer. Zur Selbstorganisation gehört außerdem das Zeitmanagement (siehe Kapitel 2) und die Eigenmotivation (was mache ich? warum mache ich es? wie mache ich es möglichst gut?).

Unternehmerisches Denken

Der Unternehmer im Unternehmen – das ist eines dieser viel bemühten Schlagworte moderner Unternehmensführung. Dahinter steckt die an sich gute Idee, Mitarbeitern jedweder Qualifikation und Beschäftigungsstufe ein für sie passendes Höchstmaß an Verantwortung, Gestaltungsspielraum und Flexibilität zu geben. Das gilt für den Hausmeister, der in Eigenregie dafür sorgt, dass im November alle Firmen-PKW Winterreifen bekommen, bis zum Seniorberater mit 15 Mitarbeitern, der seine Abteilung als Profitcenter führt.

Die betriebliche Realität sieht natürlich oft ganz anders aus – mit Chefs, die alles bis ins Kleinste reglementieren und Personalabteilungen, die den Mitarbeitern nichts zutrauen. In einem solchen Umfeld müssen Sie entscheiden, ob Sie sich anpassen oder die Beschneidung Ihrer Fähigkeiten auf Dauer nicht hinnehmen wollen. Dann steht ein Wechsel oder gar der Schritt in die Selbstständigkeit an.

Oft ist es jedoch gerade umgekehrt: Viele Mitarbeiter haben Angst vor mehr Freiheit, weil dies auch immer mehr Verantwortung bedeutet. Kommen dann noch Zielvereinbarungen hinzu, mit denen am Jahresende Erfolg oder Misserfolg klar abgelesen werden können, wird dadurch das Angstgefühl noch gesteigert.

Diese Kollegen können Sie auf der Karriereleiter klar hinter sich lassen, wenn Sie an Ihrer Entscheidungs- und Verantwortungskompetenz arbeiten – egal wie hoch oder niedrig Sie in der Firmenhierarchie stehen. Entscheidungen treffen bedeutet: Aufgabe analysieren, Handlungsoptionen genau prüfen, entscheiden und konsequent umsetzen. Das Gegenteil ist Aufschieben und Aussitzen. Verantwortung heißt: zu Erfolg und Misserfolg stehen, aus Fehlern lernen und Verbesserungen durchführen, sich als Chef schützend vor Mitarbeiter stellen. Das Gegenteil ist Abwälzen und Sündenböcke suchen. Beides – entscheiden wie verantworten – geht umso besser, je mehr Sie sich Ihrer Stärken bewusst sind (siehe Kapitel 3), im Einklang mit Ihrem persönlichen Lebensentwurf arbeiten (siehe Kapitel 2) und Ihre Kreativitätsakkus durch eine Balance zwischen Arbeit und Privatleben immer wieder neu aufladen (siehe Kapitel 7).

Interdisziplinarität und Teamfähigkeit

Sicherlich müssen auch Sie des Öfteren in gemischten Teams arbeiten. Entweder verschiedene Berufsgruppen prallen aufeinander (Juristen, Banker, Journalisten, Börsianer, Wissenschaftler, Ingenieure, Verkäufer) oder verschiedene Altersklassen (junger Berater sitzt vor grau meliertem Vorstand), Geschlechter und Nationalitäten. In allen Fällen sind Kommunikationsfähigkeit, emotionale Intelligenz und Respekt unverzichtbar, um gemeinsam voranzukommen. Wichtig ist auch die Fähigkeit, sich schnell wenigstens die rudimentären Grundkenntnisse über das Gebiet des anderen zu verschaffen. Dabei helfen ein waches Interesse für alles Neue und eine breite Allgemeinbildung. Scheuklappen, Standesdünkel und Betonköpfe sind für die interdisziplinäre Geschäftswelt der Zukunft nicht mehr geeignet. Allerdings: Was die Managementliteraur schon lange predigt, ist in der Realität leider noch nicht angekommen. Die meisten Projekte scheitern nicht, weil die Zielsetzung falsch oder das Budget zu knapp bemessen ist, sondern weil menschliche Eitelkeit, Machtgerangel und Profilneurosen einer Lösung im Wege stehen.

Führungsqualitäten

»Hast du schon Personalverantwortung?« Das ist eine der Gretchenfragen beim beruflichen Aufstieg. Während im ersten Karrieredrittel die materiellen »Segnungen« mehr ins Gewicht fallen, kommt irgendwann der Sprung in die Führungsposition (oder die Selbstständigkeit) – und damit die disziplinarische Verantwortung für Mitarbeiter.

Unternehmen jedweder Größe und Branche legen heute Wert

darauf, Führungskräfte aus den eigenen Reihen zu rekrutieren. Dafür schicken sie den Managementnachwuchs in teure Trainings, wo Motivation, Teamorganisation und -führung, Mitarbeitergespräche, Führen über Zielvereinbarungen, Coaching, Mentorship und vieles mehr auf dem Lehrplan stehen. Die besten Voraussetzungen hat hier, wer von Natur oder durch gezielte Übung ausgeprägte Kommunikationsfähigkeiten und emotionale Intelligenz besitzt. Führungsqualitäten ohne stabiles Selbstwertgefühl, ein persönliches Werte-Raster (siehe Kapitel 2), Rückgrat, Einfühlungsvermögen und zwischenmenschlichen Respekt – das ist zwar Realität, aber alles andere als erstrebenswert. Fragen Sie sich daher zu jedem Zeitpunkt Ihrer Karriere ehrlich, ob Sie schon so weit sind, die Verantwortung für andere Menschen zu übernehmen.

♀ Die Ich AG für Frauen

Frauen und berufliche Qualifikation – das ist keine reine Liebesbeziehung. Frauen

- sitzen seltener in wirklich hochkarätigen Kursen,
- durchlaufen seltener Förder- und Führungskräfteprogramme des Arbeitgebers,
- fordern im Zielvereinbarungsgespräch mit dem Chef zu selten garantierte Fortbildungsmaßnahmen,
- pochen nach einer erfolgreichen Fortbildung nicht stark genug auf mehr Verantwortung und mehr Geld.

Warum eigentlich? Weil Frauen nicht fragen – aus Angst vor Ablehnung? Weil sie sich aus falscher Bescheidenheit nicht selbst ins Gespräch bringen wollen? Weil sie sich nicht trauen, sich nichts zutrauen? Oder weil die Mehrbelastung zusätzlich zu Job und Familie gefürchtet wird? Höchstwahrscheinlich stimmt von allem ein wenig und irgendwie auch alles zusammen. Es liegt an Ihnen:

Wollen Sie zu den Gewinnern der Wissensgesellschaft gehören? Dann erkämpfen Sie sich Ihren Weg auf die Schulbank! Es wäre doch zu schade, wenn Ihr angeborener Vorsprung in Disziplinen wie Kommunikation, emotionaler Intelligenz, Etikette oder Selbstmanagement verkümmern würde.

Der richtige Partner

Diese Kurzporträts der karrierefördernden Fähigkeiten haben Ihnen hoffentlich Appetit darauf gemacht, sich Ihren individuellen Qualifizierungsbaukasten zusammenzustellen. Bleibt die Frage des »Wie« und »Wo«. Im Bereich der beruflichen Weiterbildung tummeln sich laut Stiftung Warentest rund 35.000 Anbieter mit 400.000 Programmen. Da ist die Unübersichtlichkeit groß, die Kontrolle schwer. Wie Sie Ihren richtigen Trainer oder Coach finden, und auf was Sie sonst noch achten sollten, steht ausführlich in Kapitel 10.

Eine interessante Alternative: Immer mehr Unternehmen gründen hauseigene Akademien oder eine so genannte Corporate University, die die unterschiedlichsten Kurse und Programme für Mitarbeiter anbietet. Fragen Sie Ihren Vorgesetzten oder Ihre Personalabteilung und empfehlen Sie sich für Weiterbildungsmaßnahmen. Wie Sie Ihre Stärken und Potenziale ins rechte Licht rücken, haben Sie ja in Kapitel 4 gelernt.

⌘ Die Ich AG vernetzt

Wie arbeitet der Innovationsvorstand mit seinen Kollegen der Ich AG zusammen?

- als Konjunkturprogramm für den Finanzvorstand: Die richtige Qualifikation zur richtigen Zeit erhöht Ihre Einkommenschancen (siehe Kapitel 5).
- als Reservoir für die Eigen-PR: Gemäß dem Motto »Tue Gutes und rede darüber« können Sie Ihre erlernten Fähigkeiten zur Steigerung von Bekanntheit und Marktwert einsetzen (siehe Kapitel 4).
- als Orientierung für die Berater: Erst wenn Sie sich über Ihren Qualifizierungsbedarf im Klaren sind, lohnen sich teure Berater oder Trainer (siehe Kapitel 10).

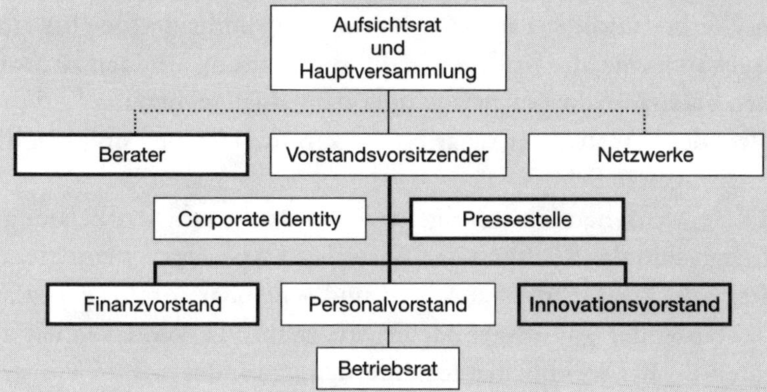

7
Der Personalvorstand und der Betriebsrat: Erhalten Sie Kraft und Kreativität der Ich AG

Erfolgreiche Unternehmen brauchen attraktive Produkte und Dienstleistungen, eine klare Zukunftsstrategie, ausreichend Finanzmittel für Investitionen und die Eroberung weiterer Marktanteile, überzeugende Öffentlichkeitsarbeit etc. Wir haben das in den vergangenen Kapiteln gesehen. Doch all dies funktioniert nicht ohne Menschen, ihre Kraft und Kreativität. Ingenieure, Laborwissenschaftler oder Marktforscher denken sich neue Produkte aus, Manager entwickeln Expansionspläne, um geeignete Kunden und Partner zu finden, Werbe- und PR-Fachleute haben eine zündende Idee für eine Imagekampagne, die Kollegen in der Buchhaltung arbeiten zu Stoßzeiten bis spät in die Nacht, um die Bilanz noch rechtzeitig fertig zu stellen, der Hausmeister repariert die kaputte Heizung und hält die Dienstwagen in Schuss.

Diese Menschen mit ihrer geistigen und körperlichen Leistungsfähigkeit sind das Rückgrat der Wirtschafts AG – auch wenn dies in Zeiten von Massenarbeitslosigkeit und scheinbar sorgloser Entlassung Tausender gut ausgebildeter Mitarbeiter in Vergessenheit zu geraten droht. Weitblickende Unternehmen indes wissen um den Wert ihres »Humankapitals« und schaffen ein Umfeld mit Anreizen, in dem die Mitarbeiter ihr Wissen, ihre Qualifikationen und Fähigkeiten einbringen können und sich für das Wohl des Unternehmens verantwortlich fühlen.

Know-how, Leistungspotenziale und Kreativität im Unternehmen optimal nutzen und mehren – das ist die Aufgabe des Personalvorstandes. Weil aber ein Vorstandsmitglied auch den Aktionären und ihren legitimen Profitinteressen verpflichtet ist, sieht die in Deutschland und anderen Industrieländern praktizierte Mitbestimmung einen Betriebsrat vor, der sich jenseits von reinem Gewinnstreben für die Interessen der Belegschaft einsetzt.

Dieser Interessenausgleich funktioniert gut, wenn die Unternehmensführung

- eine Firmenkultur ohne Mobbing und »Management by Angst« fördert,
- den Mitarbeitern die Vereinbarkeit von Beruf und Familie/Freizeit ermöglicht,
- Vertrauensarbeitszeit und flexible Arbeitszeitmodelle sowie Teilzeit anbietet,
- die betriebliche Altersvorsorge der Mitarbeiter unterstützt,
- die Mitarbeiter ohne moralische Vorwürfe oder ständige Störungen in einen längeren Urlaub entlässt.

Das System funktioniert außerdem gut, wenn die Mitarbeiter

- wenig krank sind, besonders an Montagen und Freitagen,
- sich lebhaft beim betrieblichen Vorschlagswesen oder Modellen wie Kaizen (deutsch etwa: kontinuierlicher Verbesserungsprozess) engagieren,
- zu maßvollen Überstunden und Extraeinsätzen bereit sind, um Termine zu halten oder wichtige Projekte abzuschließen,
- das Unternehmen nicht durch übermäßige Privattelefonate, Internetsurfen oder Materialklau schädigen,
- unaufgefordert Vorschläge für ihre Weiterbildung präsentieren,
- zu Solidaritätsbeiträgen in Krisenzeiten bereit sind (zum Beispiel vorübergehender Gehaltsverzicht, Arbeitszeitanpassung).

Man kann diese subtilen Mechanismen zwischen Leistungserwartungen (des Unternehmens an die Mitarbeiter) und Leistungsbereitschaft (der Mitarbeiter gegenüber ihrer Firma) in einem Sprichwort zusammenfassen: Wie man in den Wald hineinruft, so schallt es heraus. Respekt, Vertrauen und Anreize seitens des Arbeitgebers werden mit Einsatz, Engagement und Verantwortung durch den Arbeitnehmer vergolten.

Nicht anders läuft es bei der Ich AG. Die Belegschaft, das »Humankapital« Ihres Eigenunternehmens, sind Körper und Geist.

Ihr Körper Streikt Ihr Körper wegen zu hoher Belastung und zu wenig Regeneration, dann

- sind Sie häufig krank oder fühlen sich schlapp,
- verschlechtern sich Ihre Leistungsfähigkeit und damit ihre Aufstiegschancen,
- leidet Ihre Lebensqualität und die Ihrer Familienmitglieder,
- sind Sie für Kollegen oder Kunden kein verlässlicher Partner,
- wird Ihre Lust auf neue Herausforderungen und Aufgaben in Beruf und Privatleben gedämpft,
- droht Ihnen womöglich Einkommens- beziehungsweise Jobverlust bis hin zur dauerhaften Berufs- oder Erwerbsunfähigkeit.

Ihr Geist Ist Ihr Geist ausgelaugt, blockiert, oder Ängsten und Depressionen ausgesetzt, dann

- drohen psychosomatische Krankheiten wie Schlafstörungen, Verspannungen, Süchte,
- geht Ihre Kreativität verloren,
- leiden Ihre Leistungsbereitschaft und Lebensfreude,
- häufen sich Fehler und Missgeschicke,
- verschlechtern sich die zwischenmenschlichen Beziehungen zu Kollegen, Kunden, Familie und Freunden,

- droht auch hier Einkommens- beziehungsweise Jobverlust bis hin zur dauerhaften Berufs- oder Erwerbsunfähigkeit.

Sie denken jetzt womöglich: »Die Worte hör ich wohl, allein mir fehlt …« – ja, was denn? Glaube, Disziplin, Zeit, die Bereitschaft zu unangenehmen Wahrheiten? Gehören Sie zu den Menschen, die jeden Samstag ihr Auto polieren, damit sein Wert erhalten bleibt? Oder die regelmäßig ihren Computer auf Viren untersuchen, um einen Systemkollaps zu vermeiden? Doch was ist mit Ihrem eigenen Werterhalt und der Gefahr des persönlichen Systemkollaps? Es ist schon auffällig, dass mit zunehmendem Karriereerfolg Symptome wie Rückenschmerzen, Verspannungen, Schlafstörungen, nervöse Herzbeschwerden, Übergewicht, Fettstoffwechselstörungen und hoher Blutdruck zunehmen. Offenbar werden beim beruflichen Aufstieg persönliche Güter wie Gesundheit und Wohlbefinden sehr oft materiellen Gütern wie Einkommen und Prestige geopfert. Wenn Sie also schon nicht genug Eigenliebe mitbringen, um ihren Körper und Geist fit zu halten, dann tun Sie es wenigstens, um Ihren Marktwert zu erhalten.

»Ja, ja, ich weiß, ich müsste was tun, aber …« sollten Sie aus Ihrem Vokabular streichen. Spielen Sie Ihren eigenen Personalchef, der mit dem Betriebsrat für Gesundheit und Leistungsfähigkeit Ihrer Ich AG sorgt. Es gibt jedoch über kein anderes Thema so viel Literatur, so viele Theorien und Modelle wie über Gesundheit und Fitness. Bücher über Diäten, Tipps zur richtigen Sportart und auch Stressmanagement sind seit Jahren Modethemen. »Ja, bis ich das alles durchforstet und für mich das Passende gefunden habe, bin ich ja alt und grau.«, brummt Ihr innerer Schweinehund und will sich prompt wieder hinter den Ofen legen. Doch reduziert man die vielen Buchtitel auf das Wesentliche, dann geht es bei körperlicher und geistiger Gesundheit in Wahrheit nur um eine Hand voll Themen, die – gut aufeinander abgestimmt – das »System Mensch« einwandfrei funktionieren lassen. Krankheiten und Störungen sind Zeichen, dass etwas fehlt im Wechselspiel von:

- gesunder Ernährung, funktionierendem Stoffwechsel und starkem Immunsystem,
- einem starken Körper-Apparat und ausreichender Kondition,
- Entspannung und innerer Mitte,
- einem Leben in Balance.

Jede gerade moderne Diät-, Sport- oder Psychomethode lässt sich in dieses Grundraster einordnen. Wenn Sie einmal für sich das Richtige gefunden haben, müssen Sie nicht mehr jedem Trend hinterher rennen. Er bringt doch meist nur »Mehr vom Selben«. Investieren Sie Ihre Zeit und Kraft lieber in wenige, gezielte Aktivitäten zur geistigen und körperlichen Fitness. Der Körper wartet nur darauf, denn lebenswichtige Organe und Teile (auch das Gehirn) werden durch die ständige Zellerneuerung permanent regeneriert. Unterstützen Sie diesen Prozess durch ein paar einfache Regeln – Ihre Ich AG wird davon garantiert profitieren.

Die Beantwortung der nachfolgenden Fragen zeigt Ihnen, wie gut Ihr Personalbestand und Betriebsrat bisher gearbeitet haben.

1. Gehen Sie einmal jährlich zum ärztlichen Check-up und zur Krebsvorsorge?

   . . . .

2. Ist Ihr Arzt mit Ihrem Cholesterinspiegel zufrieden?

   . . . .

3. Haben Sie Normalgewicht beziehungsweise nur leichtes Übergewicht, das zu keinen gesundheitlichen Belastungen führt?

   . . . .

4. Ernähren Sie sich regelmäßig mit fettarmer, balaststoffreicher und möglichst naturbelassener Kost?

   . . . .

5. Meiden Sie Fast Food, hastige Snacks am Arbeitsplatz und Suchtmittel (Alkohol, Zigaretten)?

. . . .

6. Machen Sie mindestens zweimal wöchentlich Dehn- und Kräftigungsübungen für die Muskulatur?

. . . .

7. Tun Sie mindestens zweimal wöchentlich etwas für Ihre Kondition, idealerweise an der frischen Luft?

. . . .

8. Machen Sie regelmäßig Entspannungsübungen, zum Beispiel Yoga, Meditation, autogenes Training?

. . . .

9. Stellen Sie sich eventuellen seelischen Problemen und lassen Sie sich bei ihrer Behebung fachkundig helfen?

. . . .

10. Ist Ihr Leben ausbalanciert zwischen Beruf, Hobbys, Familie, Freunden und persönlicher Regenerationszeit?

. . . .

Wenn Sie nur null- bis dreimal mit Ja geantwortet haben, sollten Sie unbedingt weiterlesen. Konnten Sie mehr als drei Fragen mit Ja beantworten, sind Sie schon auf dem richtigen Weg. Im Folgenden erfahren Sie, wie Sie Ihre Aktivitäten noch optimieren können.

Gesunde Ernährung

Ernährung und Stoffwechsel sind der Motor des Körpers und seiner Leistungsfähigkeit. Unterversorgung mit den Hauptnährstoffen ist ebenso ein Grund für Schlappheit, Müdigkeit, Schwäche oder schlechte Haut wie zu viel und falsche Nahrungszufuhr oder mangelnde Ausscheidung und Entgiftung.

Ausgewogene Ernährung hilft dabei, dass Sie

- immer genug Kraftreserven für Ihren Alltag haben,
- Ihre Leistungsfähigkeit nicht durch Hunger oder Völlegefühl beeinträchtigten,
- Ihre Konzentrationsfähigkeit und Reaktionsgeschwindigkeit auch noch Stunden nach dem Aufstehen besitzen,
- gesund und attraktiv aussehen (Haare, Haut),
- ein funktionierendes Immunsystem haben und nicht bei jedem Schnupfen gleich das Bett hüten müssen,
- seltener oder schwächer von Allergien betroffen sind,
- eine regelmäßige Verdauung haben und nicht von unausgeschiedenen Stoffwechselprodukten schleichend vergiftet werden.

Vier Fragen sind beim gesunden Essen entscheidend, und die Antworten können Ihnen als Grundgerüst der Ernährungsplanung dienen.

- Was essen Sie?
- Wo kommt Ihre Nahrung her und wie ist sie zubereitet?
- Was und wie viel trinken Sie?
- Wie halten Sie es mit Genuss- und Suchtmitteln?

Was essen Sie?

Es gibt drei Hauptbestandteile unserer Nahrung:

Kohlehydrate (ideal: 55 % Anteil an der Gesamtzufuhr): Der Körper braucht Kohlehydrate als wichtigste Energiequelle für Gehirn, Muskeln und zahlreiche Körperfunktionen. Wichtig ist, Produkte mit viel Weißmehl, Zucker und Alkohol zu meiden (leere Kalorien, Hüftspeck!) und vollwertige Lebensmittel zu bevorzugen. An diese sind auch besonders viele Ballaststoffe gebunden, die die Verdauung förden, den Cholesterinspiegel senken und die Darmflora positiv beeinflussen. Gute Kohlehydrat-Spender sind:

- Obst und Gemüse,
- Vollkornprodukte,
- Kartoffeln, Reis und Nudeln.

Fett (ideal: 30 % Anteil): Der Mensch braucht Fett für viele wichtige Körperfunktionen; Marketingkampagnen für »fat free«-Lebensmittel sind unseriös. Es kommt aber entscheidend auf Menge und Art des Fettes an. Viele essen zu viel Fett – etwas 40 bis 60 % der gesamten Nahrungszufuhr. Und ein Zuviel an »bösen« gesättigten Fetten in tierischen Lebensmitteln (Fleisch, Milchprodukte, Industriefette, Fast Food, Fertigprodukte, Süßigkeiten) ist Hauptverursacher von Übergewicht und Zivilisationskrankheiten. »Gute« Fette sind einfach oder mehrfach ungesättigt. Zu den guten Fettspendern zählen:

- Pflanzenöle (Olive, Distel, Lein, Soja, Sonnenblume),
- Nüsse,
- Avocados.

Eiweiß (ideal: 15 % Anteil): Proteine sind unverzichtbar für den Aufbau von Körpermasse wie Muskeln, Knochen und Gewebe, aber auch für die Enzym- und Hormonproduktion und das Immunsystem. Doch die Mehrheit tut zu viel des Guten und nimmt bis zu doppelt so viel Proteine täglich auf wie benötigt – und auch noch die falschen (tierisches Eiweiß: Fleisch, Eier, Milchprodukte). Die Folgen können von Gicht/Rheuma über Alzheimer/Demenz bis zu Übersäuerung und Mineralstoffmangel reichen. Gute Eiweißspender sind:

- Hülsenfrüchte, Reis, Getreide und Nüsse,
- Sojaprodukte,
- Fisch und Fleisch je 1 Mal pro Woche.

Zu den drei großen Hauptbestandteilen kommen noch die wichtigen so genannten kleinen Nahrungsbestandteile: Vitamine, Mineralstoffe, Spurenelemente und Pflanzeninhaltsstoffe. Wissenschaftler sprechen ihnen immer größere Bedeutung für die Gesundheit zu. Für den Laien ist es oft schwer, den Überblick zu behalten. Wer nicht auf künstliche Nahrungsergänzungs-Präparate zurückgreifen will, der kann für die wichtigsten Mikronährstoffe feste »Paten« in seinen Speiseplan einbauen – auch als Berufstätiger:

Beta-Karotin	geriebene Möhren mit Pflanzenöl
Vitamin D	Avocado
Vitamin E	Sonnenblumenkerne und Nüsse
Vitamin K	grüne Pflanzen, Haferflocken
Vitamin C	Kiwi, Paprika, Petersilie
Vitamin B1	Vollkornbrot
Vitamin B2	Mandeln
Vitamin B3	Erdnüsse, Thunfisch
Vitamin B5	Brokkoli
Vitamin B6	Bananen
Vitamin B7	gekochte Eier
Vitamin B9 (Folsäure)	Sojabohnen, Tomaten
Vitamin B12	Sauerkraut, Magerquark
Magnesium	Sojaprodukte, Nüsse und Sprossen
Kalium	pflanzliche Lebensmittel
Kalzium	Zitrusfrüchte, Brokkoli
Zink	Getreidekeime, Eier
Selen	Hering, Sojabohnen, weiße Bohnen

Wo kommt Ihre Nahrung her und wie ist sie zubereitet?

Die richtigen Lebensmittel kaufen ist das eine, ihre Herkunft und Zubereitung das andere. Folgende einfache Regeln helfen Ihnen, gesunde Ernährung auch in den stressigen Alltag einzubauen:

- Frische: Nach der Ernte bauen Obst und Gemüse täglich wertvolle Inhaltsstoffe ab. Kaufen Sie daher lieber mehrmals wöchentlich ein statt samstags für die ganze folgende Woche. Kleiner Tipp: Nutzen Sie gelegentlich die Mittagspause zu einem Spaziergang zum nächsten Laden statt mit den Kollegen im Raucherzimmer Ihre Lungen zu schädigen.
- Naturbelassenheit: Jegliche Weiterverarbeitung tötet Vitamine, Mineralstoffe, Spurenelemente und Pflanzenstoffe ab. Greifen Sie daher verstärkt zu Rohkost und Salaten.
- Weniger Schadstoffe: Kaufen Sie, wenn es Ihre Haushaltskasse zulässt, möglichst oft im Naturkostladen. Produkte mit bekannten und seriösen Biosiegeln sind nachweislich weniger mit Umweltgiften belastet.
- Weniger Fleisch: Die vegetarische Küche ist mittlerweile so lecker, dass sie ihr Müsli- und Rohkost-Image längst zu Unrecht trägt. Ein- bis zweimal wöchentlich können Sie sich den Verzehr eines Steaks oder Schnitzels schon erlauben.
- Kampf dem Fast Food: Das heißt jetzt neudeutsch Convenience-Food – Bequemlichkeits-Essen. Tatsache ist, dass Fertiggerichte meist zu teuer, zu fett, zu arm an gesunden Inhaltsstoffen und ihre Verpackungen auch noch umweltschädlich sind. Ein hoher Preis für die Bequemlichkeit.
- Bewusst essen: Machen Sie einmal einen kleinen Test: Wenn Sie gelegentlich oder vielleicht auch regelmäßig vor dem Computerbildschirm essen, dann essen Sie beim nächsten Mal bewusst – auf einem Teller angerichtet mit einem Glas Wasser daneben an einem Tisch ohne Arbeitsablenkung. Was befriedigt und sättigt Sie

mehr? Schnelles Essen zwischen Akten und Laptop sollten Sie sich genauso abgewöhnen wie das Abendessen bei laufendem Fernseher und Frühstück im Stehen oder auf der Autofahrt ins Büro. Lebensmittel sind Mittel zum Leben – und verdienen entsprechende Würdigung.

Was und wie viel trinken Sie?

Der Mensch besteht zu zwei Dritteln aus Wasser – theoretisch. Tatsächlich leiden wir mit zunehmendem Alter immer häufiger unter innerer Austrocknung. Das geschieht meist unmerklich, denn wir ordnen bestimmte Beschwerden nicht dem Wassermangel zu. So können zum Beispiel Augenschwäche, Konzentrationsprobleme, Müdigkeit, Impotenz, Kopfschmerzen, Gehirn- und Nervenleiden wie Alzheimer und Altersdemenz, Gicht oder Schlaganfall an einer jahrelangen zu geringen Wasserzufuhr liegen. Denn Wasser hat in unserem Körper zwei extrem wichtige Aufgaben. Es transportiert Nährstoffe an die benötigten Stellen und ist unersetzbar beim Abtransport und der Ausscheidung von Abfall- und Giftstoffen.

Wenn Sie also alle Ernährungstipps befolgen, aber ständig zu wenig trinken, verschenkten Sie Lebensenergie und Leistungskraft. Beim Trinken gibt es drei wichtige Regeln:

- Trinken Sie zwei, besser drei Liter – regelmäßig über den Tag verteilt.
- Greifen Sie am besten zu stillem oder wenig mit Kohlensäure versetztem Mineralwasser. Auch Leitungswasser kann man in Deutschland bedenkenlos trinken. Geeignet sind ferner Säfte in Maßen (Achtung: Zucker!) sowie Kräuter- und Grüntees. Schwarztee und Kaffee indes tragen wegen ihres Koffeingehalts zusätzlich zur Entwässerung des Körpers bei.
- Stark flüssigkeitshaltige Nahrungsmittel wie Trauben, Melonen

oder Tomaten sind kein Ersatz für einen Teil der benötigten Wassermenge pro Tag. Der Körper braucht zwei bis drei Liter Flüssigkeit pur, um wie ein guter Motor geschmiert zu sein.

Wie halten Sie es mit Genuss- und Suchtmitteln?

Da bemühen Sie sich um gesunde Ernährung, machen sich dann aber mit zu viel Genussmitteln oder gar Süchten jeden Tag einen Strich durch die Rechnung. Bis jetzt sind die »Aktien« Ihrer Ich AG kontinuierlich gestiegen, denn sinnvolle Ernährung gibt Kraft, Kreativität und Freude an der Leistung. Doch jeder übermäßige Genuss von Kaffee, Süßigkeiten, Alkohol oder Zigaretten löst einen kleinen oder größeren »Kurssturz« aus. Kleine Sünden können sein, aber bei einer ganzen Kanne Kaffee am Tag, übermäßigem Schokoladengenuss, regelmäßigen harten Drinks oder mehr als drei bis fünf Zigaretten am Tag hört der Spaß auf.

An dieser Stelle noch ein kleiner Ausflug zum Thema Immunsystem: Das Immunsystem wird beeinflusst von der Zahl und Zirkulation der weißen Blutkörperchen im Blut sowie von einem intakten Darm. Neben gesunder Ernährung ist die beste Immunkur der regelmäßige Saunabesuch – auch im Sommer. Der Heiß-Kalt-Wechsel bringt die Immunkräfte auf Trab, und das Schwitzen fördert die Entgiftung des Körpers. Einmal, besser zweimal im Jahr empfiehlt sich auch eine so genannte Colon-Hydro-Therapie. Dabei wird der Darm durch Wasserspülungen von oft jahrealten Ablagerungen und Giftstoffen gereinigt – ein wahrer Jungbrunnen für Ihre Abwehrkraft. Allergien, Hautprobleme, Verdauungsstörungen und andere Beschwerden können per Colon-Hydro-Darmwäsche gelindert werden. Besonders die Naturheilmedizin bedient sich dieser Methode mit wachsender Beliebtheit.

Körper

Neben bewusster Ernährung gehört auch Sport zum gesunden Leben dazu. Hier lässt sich allerdings folgendes Fehlverhalten beobachten:

- Sie bewegen sich gar nicht, weil Sie zu faul sind oder Ihr schlechtes Zeitmanagement Ihnen keine Freiräume dafür lässt. Die Folgen: Ihr Körper-Apparat verkümmert, wird anfällig für Verspannungen. Die Bandscheibe meldet sich irgendwann mit Vorfällen. Bei zu viel Essen droht Übergewicht mit all seinen bekannten Risiken.
- Sie würden sich gerne bewegen, doch Schmerzen und Verspannungen nehmen Ihnen die Lust daran. Das ist ein Teufelskreis: Schmerzen und Verspannungen hindern Sie an der Bewegung, mangelnde Bewegung fördert Schmerzen und Verspannungen usw. usw.
- Sie bewegen sich, aber extrem und im untrainierten Zustand. Squash direkt nach der Arbeit im verspannten Zustand – Ihre Gelenke und Muskeln werden sich spätestens am Tag danach mit Schmerzen melden. Im Urlaub schnell mal eine Fun-Sportart wie Gleitschirmfliegen oder Mountainbiking einschieben – Ihr Verletzungsrisiko steigt extrem an.

Alle drei Fehler können vermieden werden, wenn Sie eine einfache Regel aus dem Wirtschaftsleben beachten: So wie jedes geschäftliche Handeln auf bestimmten Ressourcen (Wissen, Zeit, Maschinen, Rohstoffe, Kontakte) aufbaut, bedient sich der Körper seiner Ressourcen Knochen, Gelenke, Muskeln und Sehnen. Ihr Zustand, Ihre Festigkeit, Geschmeidigkeit und Belastbarkeit entscheiden darüber, wie stark der Körper beansprucht werden kann. Besteht ein andauerndes oder plötzliches Missverhältnis zwischen dem Zustand der Ressourcen und ihrer Nutzung (Über- oder Unterforderung), so drohen Verletzungen, Verschleiß, Verkürzungen, Zerrungen, Brüche, Entzündungen, Verkümmerung und/oder Schmerzen. Konkreter gesagt: Der Mensch leidet beispielsweise unter Hexenschuss, Bandscheibenvorfall, Rückenschmerzen, Hohlkreuz, Knieproblemen, Tennisarm, einem steifen Hals, Kopfschmerzen, Arthrose, Nackenverspannung usw.

Das Gegenmittel lautet: Dehnung und Kräftigung. Im Mittelpunkt stehen Muskeln und Sehnen, denn Sie sind das Gerüst, das Knochen und Gelenke zusammenhält und für Ihre Bewegungsfähigkeit sorgt. Bei schwachen Rückenmuskeln reiben die Bandscheiben aneinander, der Bandscheibenvorfall droht. Schwache Bauch- und Beckenbodenmuskeln können Fehlstellungen der Lendenwirbelsäule und Hüfte bewirken, die wiederum für Knieschmerzen verantwortlich sind.

Also sollte Ihr Personalvorstand dafür sorgen, dass regelmäßige Dehn- und Kräftigungsübungen in Ihr Zeitmanagement eingebaut werden – ideal ist täglich mindestens eine halbe Stunde (Klingt viel, ist aber gar nicht so schwer, wenn Sie bedenken, dass allabendlich von der Börsensendung bis zum Ende der Tagesschau schon 25 Minuten vergehen. Nutzen Sie diese Zeit auf der Gymnastikmatte vor dem Fernseher, statt auf der Couch zu sitzen! Welche Methode Sie für sich als die liebste und geeignetste entdecken, ist ganz von Ihrem Geschmack und Ihren Vorlieben abhängig. Wichtig ist, dass folgende Körperpartien positiv beeinflusst werden:

- Hals und Nacken: Spannungskopfschmerz und müde Augen ade,
- Schultern, oberer Rücken, Oberarme: die neue Leichtigkeit beim Gehen, Sitzen und Stehen,
- Lendenwirbel, Hüfte: Bandscheibenvorfall? Ohne mich!,
- Brustmuskeln: Segen für den Rücken und Schönheitskur für den Busen,
- Bauchmuskeln, Beckenboden: Hohlkreuz und Rückenschmerzen – das war einmal,
- vorderer und hinterer Oberschenkel: hilft Fehlstellung von Hüfte/Wirbelsäule und Knien zu vermeiden.

Sie können das Muskeltraining sehr gut mit Entspannungsübungen verbinden. Diese Kombination verhilft Ihnen nicht nur zu einem wunderbaren Körpergefühl. Sie schont auch Ihr knappes Zeitbudget, denn Entspannung steht ja ebenfalls auf der To-Do-Liste Ihres Personalvorstands und Betriebsrats.

Kondition

Wenn Sie Knochen, Gelenke, Muskeln und Sehnen so gut dehnen beziehungsweise kräftigen, dass Ihr Körper zunehmend stabil und fest wird, dann wird er bald ganz von selbst signalisieren: »Ich will Bewegung, will meine Kraft ausleben, denn dafür hat mich die Natur gemacht.« Bewegung ist ein schieres Wundermittel für die Gesundheit. Sie sorgt dafür, dass

- das Herz stärker wird, nicht mehr so viel arbeiten muss und daher nicht so schnell verschleißt,
- der Kreislauf angeregt wird,
- der Körper und jede einzelne Zelle besser mit Sauerstoff durchpumpt wird (Sauerstoff regt unter anderen das Denken an, fördert die Durchblutung, beugt Kopfschmerz vor und soll sogar gut für die Potenz sein),
- die Nährstoffe schneller an ihren Zielort gelangen,
- die Verdauung und Entgiftung angekurbelt werden,
- bestimmte Glück und Leistung fördernde Hormone verstärkt produziert werden,
- Fett in Muskulatur umgewandelt wird und das Blut von schädlichen Fetten befreit wird, die womöglich zu Gefäßverengung und Infarkt führen können.

Ganz wichtig bei der Bewegung ist es, sich im so genannten aeroben Bereich zu bewegen. Anders gesagt: Nur wenn genügend Sauerstoff im Blut ist, wird auch viel Fett verbrannt. Im aeroben Bereich bewegen Sie sich, wenn Sie ausdauernd, aber mäßig trainieren – also ohne Extremanstrengung, Schnaufen und starkes Schwitzen. Das schont den Körper vor Verschleiß und Sportverletzungen.

Den aeroben Bereich berechnen Sie als Laie am leichtesten über den Puls:

Maximale Herzfrequenz (220 – Lebensalter)
–
Ruhepuls (Pulsschläge pro Minute, gemessen morgens im Bett)
× 0,7
+ Ruhepuls

Beispiel für einen 40-Jährigen mit Ruhepuls 80:

220 – 40 = 180
180 – 80 = 100
100 x 0,7 = 70
70 + 80 = 150

Mit einem Pulsschlag von 150 pro Minute trainiert diese Person also im gewünschten aeroben Bereich. Hilfreich beim Bestimmen sind Pulsmessbänder, die man sich beim Sport um die Brust schnallt und die den aktuellen Pulsschlag an eine Uhr am Handgelenk übertragen. Wem das zu kompliziert ist, der kann auch seinen Atem und das eigene Körpergefühl zum Verbündeten machen. Trainieren Sie stets so, dass Sie Ihren Körper zwar fordern, aber immer noch in der Lage sind, ruhig und gleichmäßig zu atmen und sich bei Bedarf auch zu unterhalten.

Sie haben sicher schon gemerkt, dass diese Art des Konditionstrainings besonders gut für Sportarten mit gleichmäßigen, andauernden Bewegungsabläufen geeignet ist. Alles, was zu extremen Bewegungen und Belastungen führt, sehen Sport- und Arbeitsmediziner mit gemischten Gefühlen. Sie raten vielmehr zu

- Walking oder Nordic Walking (mit Spezialstöcken, die von den Armen mitgeschwungen werden),

- Jogging (unbedingt im aeroben Bereich bleiben!),
- Wandern,
- Skilanglauf,
- Skaten,
- Fahrradfahren (in der Natur oder auf dem Trimmrad),
- Schwimmen,
- Fitnessgeräten: Climber, Rudergerät, Laufband, Stepper (Der Nachteil am Fitnessstudio ist die schlechte Luft. Dem Körper wird die Sauerstoffdusche in freier Natur vorenthalten, die außerdem noch kostenlos ist.)

Eine dieser Sportarten regelmäßig zweimal die Woche für mindestens 45 Minuten – und Ihr Herz-Kreislauf-System, Ihre Verdauung, Ihre Haut (Schwitzen macht schön!) und Ihre Figur werden es Ihnen danken. Ein schöner Nebeneffekt: Ausdauertraining baut Stresshormone und Aggressionen ab.

Entspannung und innere Mitte

Wir sind von früh bis spät Reizen ausgesetzt – angenehmen wie Berührungen, Musik oder einer Unterhaltung mit netten Menschen, aber auch unangenehmen wie Lärm, Geschrei und Umweltgiften. Hinzu kommt für die meisten Menschen eine permanente Leistungserwartung. Ob als Manager, Angestellter, Firmenchef, erziehendes Elternteil oder Ehrenamtlicher – immerzu wird etwas von Ihnen erwartet. Wer da keine Freiräume und Techniken hat, um sich aus dem Trubel der Welt für gewisse Zeit herauszuziehen, dem drohen Energieverlust, typische Stresskrankheiten (Magen-Darm-Beschwerden, Herz-Kreislauf-Störungen, Schlafbeschwerden, Rückenverspannungen, höhere Suchtanfälligkeit und Gewaltbereitschaft) oder gar der Kollaps. Das ist in erster Linie schlimm für Sie und Ihre direkte Umwelt. Es kann aber auch dauerhafte Einkommensverluste und sozialen Abstieg zur Folge haben, denn zu einem hohen Prozentsatz sind die Ursachen von Berufs- und Erwerbsunfähigkeit stressbedingt. Tun Sie deshalb im Interesse Ihrer Ich AG etwas für Entspannung und innerliches Auftanken.

Das muss nicht gleich kompliziert und schon gar nicht esoterisch werden. Die genialsten Entspannungsmethoden sind preiswert oder ganz kostenlos und brauchen gar keine Übung:

Schlaf Wenn Sie dazu neigen, immer mehr und noch mehr in den 24-Stunden-Tag zu packen, dann blättern Sie noch einmal zum Kapitel über Zeitmanagement zurück. Da stand sinngemäß der Satz: Verfolgen Sie keine Methode, die Ihnen beibringt, wie Sie mehr unsinnige Aktivitäten in Ihrem Zeitbudget unterbringen. Versuchen Sie, genug Zeit für die wirklich wichtigen Dinge zu finden. Eines davon ist Schlaf – für mich eine der wunderbarsten »Beschäftigungen« überhaupt. Es ist warm, Sie sind geborgen, niemand will etwas von Ihnen, Sie können keine Fehler machen, keinen Streit vom Zaun brechen, sich nicht aufregen. Ihre Träume verraten Ihnen sogar noch, was Sie im Innersten bewegt – Sie müssen nur zuhören. Ihr Körper, jede einzelne Zelle regeneriert, die Haut wird schön frisch, die Muskeln entspannen, Sie haben keinen Hunger auf Süßigkeiten. Sie kommen nicht auf die für die überwiegende Mehrzahl der Menschen empfohlenen sieben bis acht Stunden? Dann bauen Sie ab sofort die Zeit für Ihren Erholungsschlaf konsequent in Ihr Zeitmanagement ein. Erinnern Sie sich: Es ist Ihre Entscheidung, wie viel Zeit Sie für was investieren. Chemische Schlafmittel und regelmäßige Einschlafhilfe durch Alkohol sind natürlich tabu. Wenn Sie es ohne nicht schaffen, sollten Sie schleunigst zum Arzt gehen.

Atmen Atmen kostet auch nichts und wirkt ebenso wundervoll wie Schlaf. So wie der Schlaf und seine Träume ist auch der Atem der Spiegel der Seele. Kurze, flache Atemzüge zeugen von Stress, Angst oder Wut. Regelmäßig fließende Atmung durch den Bauch (dafür müssen Frauen sich von engen Korsetts oder stramm sitzenden Hosen verabschieden) versorgt den Körper besser mit Sauerstoff. Er ist dann frischer und leistungsfähiger. Und bewusste Atemübungen wirken wahre Wunder: Sie können den Blutdruck senken, den Herzschlag beruhigen, Angst- oder Zornattacken unterdrücken, körperliche und seelische Blockaden lösen und Sie einfach wieder in Kontakt mit Ihrer eigenen Mitte bringen. Wie wäre es einmal mit Blitz-Relaxen? Schließen Sie Ihre Augen und atmen Sie zehnmal tief ein und aus. Wenn es die Situation erlaubt, können Sie zusätzlich Ihre Augen mit den Innenhandflächen bedecken.

Lachen, Singen und Tanzen Auch Lachen löst Verspannungen und sorgt für einen tiefen Atem – wenn es spontan und von Herzen kommt. Oder versuchen Sie es so: Sie kommen genervt oder mit symbolisch geballten Fäusten aus dem Büro? Legen Sie im Auto Ihre Lieblings-CD ein und schmettern Sie aus voller Lust mit. Sie kommen mit Sicherheit lockerer zu Hause an und lassen Ihren Frust nicht am erstbesten Familienmitglied aus, das Ihnen in die Quere kommt. Oder Sie gehen auch einmal in eine Karaoke-Bar, da kann man Singen und Lachen (über die anderen) verbinden. Spannungsabbau pur ist der Tanz: Anzug und Kostüm aus – Jogginganzug an – Musik laut – und mindestens 15 Minuten nach heißen Rhythmen Ihrer Wahl »abgetanzt« – Sie werden sich fühlen wie neugeboren.

Spazierengehen Auch dies ist ein billiges Enspannungsmittel – Natur, frische Luft, Ruhe, Vogelgezwitscher, vielleicht die Kinder oder einen Hund dabei. Wer allein sein will, kann das Spazierengehen auch zur Meditation nutzen: vier Schritte einatmen, vier Schritte ausatmen – und die Gedanken ganz frei, die Muskeln ganz locker lassen. Wenn Sie eine abgelegene Strecke finden, dann versuchen Sie es doch einmal mit Selbstgesprächen. Motivieren Sie sich, loben Sie sich, verzeihen Sie sich, ermutigen Sie sich – durch entsprechend laut ausgesprochene Botschaften.

Heiß baden Gibt es etwas Schöneres als ein heißes Bad nach einem anstrengenden Tag? Die Muskeln werden weich und schwer, angenehme Müdigkeit und Bettschwere stellt sich ein, die Gedanken schweifen davon, ätherische Öle tragen einen ins Land der Fantasie … muss ich Ihnen den Mund noch wässriger machen?

Pausen, Freizeit, Urlaub Ohne Pausen wird der Mensch zur Maschine, dem irgendwann die Sicherungen durchbrennen. Deshalb ist es wichtig, dass Sie täglich hart um Ihre Mittagspause kämpfen und dann auch wirklich von Ihrem Arbeitsplatz weggehen – am besten an die frische Luft. Ebenso halten Arbeitsmediziner einmal im Jahr einen dreiwöchigen Urlaub für notwendig, um sich richtig zu erholen. Mehr zur wichtigen Balance zwischen Arbeit und Freizeit steht weiter unten.

Allein mit diesen einfachen und preiswerten Mitteln können Sie schon wunderbar entspannen. Daneben gibt es eine Vielzahl spezieller Techniken, die teils aus der westlichen und teils aus der fernöstlichen Medizin beziehungsweise Philosophie stammen:

Autogenes Training Das Prinzip ist die Selbstbeeinflussung. Indem Sie sich beispielsweise auf ein Gefühl der Schwere, Wärme oder Lockerung bestimmter Gliedmaßen, Muskelpartien oder Organe konzentrieren, bewirken allein diese Gedanken schon eine »Umprogrammierung« des Körpers auf Entspannung. Autogenes Training kann man mit geschlossenen Augen unbemerkt von seiner Umwelt praktisch überall ausführen.

Progressive Muskelentspannung nach Jacobson Der Arzt Edmund Jacobson lehrte schon in den 1930er Jahren die Überzeugung, dass seelische Spannung und körperliche Spannung sich gegenseitig verstärken. Umgekehrt heißt das: Wenn Sie Ihre Muskeln zunächst durch bewusstes Anspannen und plötzliches Loslassen entspannen, lösen sich auch psychische Blockaden. Die Technik ist sehr leicht zu erlernen und kann praktisch überall ausgeübt werden.

Entspannung mit Musik Musik wirkt auf das vegetative Nervensystem. Die Atmung und die Herzfrequenz stellen sich auf den Rhythmus ein. Ruhige und gleichmäßige Melodien und geringe Lautstärke sind besonders zum Relaxen geeignet. Wichtig dabei: Bewusst hören und nicht gleichzeitig lesen, essen oder telefonieren.

Yoga Wir im Westen kennen von dieser uralten indischen Heil-Lehre meist das Hatha-Yoga. Die Übungen (Asanas) sind bestimmte Körperstellungen, die positiv auf Muskeln, Gelenke, Organe und Atmung – und damit auch auf den Geist wirken.

Qi Gong Langsame, fließende Bewegungen werden mit Atem- und Konzentrationsübungen kombiniert. Das dabei durch den Körper fließende Qi (=Energie) entspannt Muskeln, Gelenke und Organe, vertieft den Atem und entspannt die Psyche.

Tai Chi Das kennen Sie vielleicht unter dem Begriff Schattenboxen. Aus alten fernöstlichen Kampfsportarten werden Bewegungsabläufe entlehnt – aber diesmal ganz langsam, fließend und harmonisch ausgeführt. Nicht ganz einfach.

Transzendentale Meditation (TM) Mithilfe eines innerlich stetig wiederholten Mantras (Laut, Lautfolge oder Wort, das der TM-Meister dem Schüler vorgibt) versetzen Sie sich in einen Zustand ohne Gedanken und ohne gefühlten Kontakt zur Außenwelt. Transzendentale Meditation kann man nur mit einem seriösen Lehrer lernen, und man braucht viel Geduld beim Üben.

Leben in Balance

Immer mehr Menschen entdecken, dass ein erfülltes Leben den Beruf beziehungsweise die ausgeübte Tätigkeit als ganz wichtigen Aspekt einbezieht – aber eben nur als einen wichtigen neben Freizeit, Familie, Freunden, Hobbys, Fortbildung, Ehrenamt usw. War für die typischen Nachkriegsgenerationen das Ziel allen Strebens noch Geld, Wohlstand und das eigene Häuschen, so sind für die materiell recht »satte« Altersgruppe der heute 20- bis 40-Jährigen Zeit, Lebensfreude und persönliche Unabhängigkeit ebenso wichtige Güter. Das Schlagwort von der Work-Life-Balance, einem Leben in Balance macht die Runde.

»Das geht nicht. Ich komme nicht aus der Mühle raus.«, klagen Sie vielleicht spontan. Werfen Sie nicht gleich die Flinte ins Korn: Gerade wenn Sie einer der modernen »Wissensarbeiter« sind, Ihr Geld also dank Ihrer guten Ausbildung und Ihres Know-hows verdienen, sind die Rahmenbedingungen derzeit so günstig wie nie. Große und mittelständische Firmen arbeiten intensiv an flexibleren Arbeitszeitmodellen. Außertariflichen und auch tariflichen Mitarbeitern werden Möglichkeiten wie Lebensarbeitszeitkonten, Vertrauensarbeitszeit, Sabbatjahre, Teilzeit, Home Office und anderes geboten. So hoffen die Firmen ihre hoch qualifizierten Mitarbeiter zu halten und neue zu gewinnen. Headhunter, die Firmen mit geeigneten Kandidaten zusammenbringen, berichten von folgendem Trend: Gut ausgebildete Bewerber mit einem gewissen Marktwert achten sehr genau darauf, dass ihr neuer Arbeitgeber attraktive Anreize für überdurchschnittliche Leistungen bietet, zum Beispiel durch Bonuszahlungen oder Firmenbeteiligungen. Weiterhin werden aber auch Dinge wie ein kommunikatives, motivierendes Betriebsklima und flexible Arbeitszeitmodelle immer wichtiger.

Klagen über das tägliche Hamsterrad und die permanente 80-Stunden-Woche haben bei Lichte betrachtet oft ihre Ursachen bei Ihnen selbst. Beantworten Sie doch einfach einmal ganz ehrlich folgende Fragen:

---

1. Gelingt es Ihnen, Ihre wesentlichen Aufgaben Montag bis Freitag zwischen 9 und 18 Uhr zu erledigen – mit Ausnahmen von Stoßzeiten oder bei einer akuten Krise?

. . . .

2. Haben Sie in Ihrer beruflichen Tätigkeit klare Prioritäten bezüglich Ihrer Ziele und Aufgaben festgelegt?

. . . .

3. Kennen und betreiben Sie eine sinnvolle Methode des Zeitmanagements?

. . . .

4. Haben Sie mit Ihrem Vorgesetzten eine klare Zielvereinbarung und Tätigkeitsbeschreibung abgeschlossen, die Ihre Aufgaben eindeutig regelt?

. . . .

5. Bei Personalverantwortung: Delegieren Sie geeignete Tätigkeiten an Mitarbeiter und geben Sie ihnen ausreichende Informationen zur Erledigung dieser Aufgaben?

. . . .

6. Halten Sie Ihr »Herrschaftswissen« so klein wie möglich, damit Mitarbeiter oder Teamkollegen auch einmal für Sie einspringen oder Sie in Spitzenzeiten entlasten können?

. . . .

7. Verteidigen Sie mutig Ihre Abende und Wochenenden gegen Routinearbeiten und opfern diese Zeiten nur im Notfall?

. . . .

8. Halten Sie sich prinzipiell in Ihrer beruflichen Position für ersetzbar und verwechseln Sie Anwesenheit nicht mit Wichtigkeit?

. . . .

9. Können Sie »Nein« sagen, wenn in der Firma wieder einmal Arbeit verteilt wird? Nehmen Sie den Urlaub, der Ihnen zusteht?

. . . .

10. Haben Sie Familie, Freunde, Hobbys oder sonstige Beschäftigungen, die den pünktlichen Feierabend für Sie attraktiv machen?

. . . .

Wenn Sie nur dreimal mit Ja antworten konnten, sollten Sie unbedingt weiterlesen. Bei mehr Ja-Antworten befinden Sie sich schon auf dem richtigen Weg.

Verfechter eines gesunden Verhältnisses zwischen Arbeit und Freizeit werden oft als zu weich, wenig leistungsbereit oder sogar egoistisch beschimpft. Dabei gibt es knallharte wirtschaftliche Argumente, die dies widerlegen: Gerade die Work-Life-Balance fördert Leistung und Einkommen:

- Sie behalten dauerhaft Ihre Power und bekommen nicht in der Mitte Ihres Lebens schon Verschleißerscheinungen, die zu früher Berufsunfähigkeit führen können.
- Sie können bis ins hohe Alter selbst für Ihren Lebensunterhalt sorgen, da Sie lange fit und stark für einen herausfordernden Job bleiben. Burn-out droht Ihnen nicht!
- Sie sind für Ihr Unternehmen – ob angestellt oder selbstständig – ein verlässlicher Leistungsträger, der dank regelmäßiger Regeneration seltener krank und stärker belastbar ist.
- Sie meistern besonders anspruchsvolle oder kniffelige Aufgaben, da Sie ausgeruht viel kreativer, risikobereiter und durchsetzungsstärker sind.

♀ Die Ich AG für Frauen

Frauen können den Vormarsch der Work-Life-Balance mit einem lachenden und einem weinenden Auge sehen. Der große Vorteil: Für Mütter und Väter wird die Vereinbarkeit von Familie und Beruf leichter. Außerdem verschwindet Stück für Stück eine hohe Eintrittsbarriere für Frauen in Top-Positionen. Es wird immer weniger erforderlich, 14 Stunden am Tag im Büro zu sein. Diese »Alt-Herren-Regel« widerspricht oft den persönlichen Lebenswünschen von Frauen. Doch es lauern auch Fallen: Noch immer werden Frauen beim Wunsch nach Balance zwischen Arbeit und Privatleben schiefer angeschaut als männliche Kollegen. »Typisch Frau, will nach oben, aber nicht den Preis dafür zahlen.«, »War doch klar, bei der kleinsten Belastung knickt die ein.« – Ist es Ihnen auch schon einmal so oder ähnlich entgegengeschallt, während Männer mit diesen Ansinnen fast schon als chic gelten? Beobachten Sie den Unterschied, ob Sie oder Ihr Kollege das Familienfoto auf dem Schreibtisch stehen haben und zum Kindergeburtstag pünktlich das Meeting verlassen. Er ist »der neue Mann«, Ihnen droht das Klischee der »Mutti, die eben nicht alles im Job gibt.«

Regelmäßige Pausen, Stressausgleich und ein erfülltes Leben zusätzlich zum Job sind also bei weitem nicht nur etwas für »Softies«. Die Notwendigkeit leuchtet am Ende jedem ein, der mit kühlem Kopf folgende Rechnung aufmacht:

Wert der Ich AG = guter Job und gutes Einkommen
+ Spaß bei der Arbeit
+ dauerhafte Leistungsfähigkeit
+ Kreativität und Belastbarkeit
– Krankheit und Fehlzeiten
– Frustration und Angst
– Burn-out

Und doch ist da die Sorge ums liebe Geld. Kann ich überhaupt kürzer treten? Meine Verpflichtungen sind so hoch. Erinnern Sie sich an Kapitel 5: Zu hohe Fixkosten machen unfrei. Die moderne Ich AG kalkuliert anders: Nur was man gerne, erfüllt und ohne Raubbau an Körper und Seele macht, bringt langfristig Erfolg und Wohlstand.

Als Formel der Lebensqualität kann gelten:

Lebensqualität = solides und sicheres Grundeinkommen
+ Zusatzeinkommen durch punktuelle Extraleistung oder Projekte
+ Freizeit
+ intakte Bindungen und Familie
+ Spaß an allen wichtigen Tätigkeiten
+ Sinn

Ähnlich wie bei der Entspannung sind auch für die Work-Life-Balance die einfachsten Methoden oft die wirkungsvollsten. Zu viel Theorie und Grübeln blockiert und belastet Sie nur zusätzlich. Versuchen Sie es doch einmal so:

- Gönnen Sie sich regelmäßige Pausen während des Tages. Oft wirken ein Spaziergang um den Block oder ein Schwätzchen auf dem Flur (am besten nicht über Jobthemen) Wunder.
- Nehmen Sie sich den Urlaub, der Ihnen vertraglich zusteht. Urlaub verfallen zu lassen, ist keine Heldentat, sondern dumm. Und wer sich ihn auszahlen lässt, führt nur unnötig Steuern ab.
- Versuchen Sie, sich jeden Tag eine persönliche Freude zu machen – ein leckerer Espresso mit einem Riegel Bitterschokolade im netten Coffee-Shop an der Ecke reicht schon. Oder Sie kaufen sich eine Rose, eine Zigarre, ein tolles Buch. Oder Sie rufen einmal wieder einen alten Freund an, verabreden sich für den Abend, kochen mit Freunden oder Familie, gönnen sich ein Vollbad, lassen sich massieren, organisieren einen Spielekreis usw. Wichtig: Zelebrieren Sie diese kleinen Freuden!
- Verbrauchen Sie nicht gänzlich Ihre Energie. Drei harte Wochen hintereinander sollten ein verlängertes Wochenende nach sich ziehen. Eine Dienstreise mit Interkontinentalflug und Jetlag sollte Sie nicht gleich wieder ins Büro führen. Ein Tag frei dazwischen wirkt Wunder.

- Meiden Sie Stress- und Angstauslöser, wann immer es geht. Dasselbe gilt für Energiefresser. Das sind solche Menschen, die immer etwas von Ihnen wollen (Arbeit abgeben, sich ausweinen, lästern, bestätigt werden, beschützt werden, Entscheidungen delegieren, Sie klein machen, Sie demotivieren usw.) und selten etwas Gutes für Sie tun.
- Kämpfen Sie um Ihre Interessen und Beschäftigungen neben dem Beruf. Viele Menschen können und wollen gar nicht aus dem Hamsterrad, weil daneben gähnende Leere droht – keine Hobbys, keine Leidenschaften, keine Gesprächsthemen, nichts. In einer solchen Wüste kann nichts blühen.
- Sorgen Sie dafür, dass nach Feierabend noch liebe Menschen auf Sie warten. Nach zehn Jahren mit 80-Stunden-Woche und ohne Urlaub können Sie froh sein, wenn überhaupt noch jemand an Ihrer Seite steht. Partner, Kinder und Freunde sind keine Statisten auf Abruf. Moderne Ehen sind keine Versorgergemeinschaften mehr, der chronisch vernachlässigte Partner kann gehen und tut das auch immer öfter. Bekannte, deren Einladungen Sie nie erwidern, werden sich irgendwann nicht mehr melden.
- Bauen Sie private Termine konsequent in Ihr Zeitmanagement ein. Ohne diese Disziplin sind Verabredungen, Unternehmungen mit der Familie und persönliche Auszeiten für Sie immer wieder leichte Beute für ganz dringende, unaufschiebbare, wichtige, karrierefördernde Aufgaben im Beruf.

Zum Schluss noch eine wichtige Sache: Halten Sie Ihren Perfektionismus im Zaum. Work-Life-Balance bedeutet nicht, dass Sie es nun neben Ihrer Firma auch allen anderen recht machen müssen – Kindern, dem Partner, Freunden, Vereinskollegen etc. Sie können sich nicht zerteilen und sollten auch sehr genau darauf achten, dass immer genug Zeit für Sie ganz alleine bleibt.

⌘ Die Ich AG vernetzt

Wie arbeiten Personalvorstand und Betriebsrat mit den Kollegen der Ich AG zusammen?

- als Resonanzboden für die Corporate Identity: Als gesunder, in sich ruhender Mensch wirken Sie sympathischer und überzeugender auf Mitmenschen (siehe Kapitel 3).
- als Finanz-Katalysator: Körperliche und geistige Fitness sind das beste Konjunkturprogramm für Ihre Ich AG und Ihre Finanzen (siehe Kapitel 5).
- als Impulsgeber für Netzwerk-Kontakte: Nur wenn Sie die eigenen körperlichen und geistigen Ressourcen pflegen und erhalten, haben Sie genug Kraft und Kreativität für befriedigende zwischenmenschliche Beziehungen (siehe Kapitel 9).

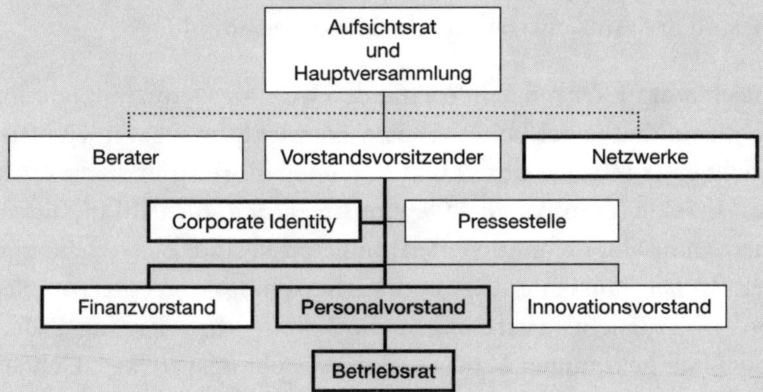

8
Der Aufsichtsrat und die Hauptversammlung Überprüfen Sie die Fortschritte der Ich AG

Manager stehen unter einem enormen Leistungsdruck, den sie allerdings mit überdurchschnittlichen Gehältern und Prämien versüßt bekommen. Auch wenn Manager bei Misserfolg nicht so schnell gefeuert werden wie Fußballtrainer, so müssen sie doch regelmäßig Rechenschaft ablegen über Ziele und Pläne, Erfolge und Misserfolge. Bei größeren Unternehmen wird dieser Prozess in der Regel noch von den Medien begleitet, was den Druck zusätzlich erhöht. Die beiden wichtigsten Gremien, die das Management kontrollieren, sind der Aufsichtsrat und die Hauptversammlung:

Aufsichtsrat Hier müssen Vorstände zwei- bis viermal im Jahr – in wichtigen Phasen der Unternehmensentwicklung sogar noch öfter – Bericht erstatten, wie sie das Unternehmen führen und ob die erwarteten Erfolge (zum Beispiel Gewinnsteigerung, mehr Marktanteile, Übernahme eines Konkurrenten) eingetreten sind. Zielverfehlungen oder Pannen müssen erklärt und Verbesserungskonzepte vorgelegt werden. Aufsichtsratssitzungen sind kein »Spaziergang«, denn schließlich bekommen Manager ihre Anstellungsverträge, Gehälter und Bonuszahlungen von eben diesen Aufsichtsräten genehmigt.

Hauptversammlung Das ist die einmal im Jahr stattfindende Zusammenkunft aller Aktionäre, die Anteile am Unternehmen halten. Vor diesem Publikum müssen Manager darlegen, wie sie in den vergangenen zwölf Monaten den Wert des Unternehmens gesteigert haben – hauptsächlich gemessen am Aktienkurs. Andere Gradmesser für Erfolg sind der erwirtschaftete Gewinn, die Eigenkapitalquote, die Erschließung neuer Märkte und Kunden oder Durchbrüche bei Forschungsprojekten.

Sinn dieser bei Managern wenig geliebten – weil anstrengenden und mitunter entlarvenden – Veranstaltungen ist es, eine kontinuierliche Erfolgskontrolle sicherzustellen. Sie kennen dies sicher aus eigener Erfahrung: Durch Eigen- oder Fremdkontrolle erreichen Sie, dass Ihre Disziplin nicht nachlässt, Sie Ihren Biss nicht verlieren und Misserfolge nicht schönreden können. Das ist im Privatleben nicht anders als im Beruf. Also lohnt es sich auch für die Ich AG, regelmäßig Leistungen und Fortschritte zu überprüfen beziehungsweise überprüfen zu lassen.

In Aufsichtsrat und Hauptversammlung sitzen all jene, die ein starkes persönliches Interesse am Wohlergehen des Unternehmens haben: Kapitalgeber wollen eine möglicht hohe Rendite sehen, Arbeitnehmervertreter sind für sichere Arbeitsplätze, Politiker und Standortvertreter erwarten Investitionen und Steuern. In der Wirtschaftssprache nennt man diese mit dem Unternehmen verbundenen Gruppen »Stakeholder«.

Die Stakeholder der Ich AG

Wer aber sind die »Stakeholder« der Ich AG? »Wen interessiert schon *mein* Wohlergehen?«, fragen Sie sich sicher manchmal resigniert. Nun: Das sind mehr Leute, als Sie denken. Sie finden sie auf drei Ebenen, die wir schon aus Kapitel 2 kennen:

Ebene des Selbst Sie selbst sind Ihr mit Abstand wichtigster Stakeholder. Ihre Zufriedenheit auf materieller und seelischer Ebene ist das Hauptziel der Ich AG. Das hat viel mit dem persönlichen Lebensentwurf zu tun, der ausführlich in Kapitel 2 besprochen wurde.

Ebene der Beziehungen Für Ihr engstes Umfeld (Familie, Freunde, direkte Kollegen, Schutzbefohlene) sind Sie eine wichtige, vielleicht die wichtigste Bezugsperson – in den verschiedensten Funktionen: als Lebens- und Liebespartner, Elternteil, Sohn oder Tochter, Verwandter, Freund oder Vertrauter, Chef oder Mitarbeiter, ehrenamtlicher Helfer usw.

Ebene der Aktivitäten Als Angestellter tragen Sie mit Ihrem Wissen und Ihrer Zeit zum Erfolg des Unternehmens bei. Wenn Sie Chef einer eigenen Firma sind, dann werden Sie als Leitfigur, Stratege, Entscheider und Experte gebraucht. Im Ehrenamt setzen Sie sich für eine sinnvolle Sache ein.

All diese Personen haben im Grundsatz nur zwei Fragen an Sie:

1. Welche Ziele hast du mich betreffend und wie erreichst du Sie?
2. Wie gehst du mit den Ressourcen deiner Ich AG (zum Beispiel Zeit, Gesundheit, Wissen, Gefühle, Finanzen) um, an der ich ja beteiligt bin?

Die Fragen können Sie in Form einer persönlichen Bilanz Ihrer Ich AG beantworten. Eine solche Erfolgskontrolle sollten Sie in regelmäßigen Abständen durchführen, mindestens aber einmal im Jahr. Am besten verbinden Sie dies mit der Jahresend- oder Jahresanfangs-Klausur, die im Abschnitt über Zeitmanagement des Kapitels 2 erwähnt wurde. Ganz wichtig dabei: Schmoren Sie nicht nur im eigenen Saft. Bevor Sie sich zu Ihrem Bilanzwochenende zurückziehen, sollten Sie deshalb mit folgenden Personen sprechen:

Ihrem Lebenspartner und gegebenenfalls Ihren Kindern Wie beurteilen diese wichtigsten Menschen in Ihrem Leben das Zusammensein mit Ihnen in den vergangenen Monaten? Was lief gut, was schlecht? Wurden gemeinsame Absprachen, Ziele, Vorhaben umgesetzt oder zumindest vorangebracht? Welche neuen oder veränderten Vereinbarungen sollten getroffen werden?

Ihrem Chef Wie beurteilt er Ihre Leistung in den vergangenen Monaten? Viele Unternehmen setzen das nützliche Instrument einer Zielvereinbarung ein, mit der sehr gut die zu Jahresbeginn geplante Entwicklung (zum Beispiel Arbeitsleistung, Persönlichkeitsentwicklung, Fortbildung, Umgang mit Kollegen und Kunden) mit dem tatsächlichen Ist-Zustand am Ende des Jahres verglichen werden kann. Für das kommende Jahr werden dann neue Ziele vereinbart.

Ihren direkten Kollegen Wie läuft die Zusammenarbeit? Stimmen Vertrauen und Teamgeist oder hakt es irgendwo? Woran liegt es? Was nimmt man sich gemeinsam zur Verbesserung des Betriebsklimas und der Arbeitsabläufe vor?

Ihren wichtigen Kunden beziehungsweise Geschäftspartnern Sind Sie mit der Zusammenarbeit in den letzten Monaten beziehungsweise im abgelaufenem Jahr zufrieden? Wurden Vereinbarungen eingehalten? Können Sie oder Ihre Kunden/Geschäftspartner noch etwas zur Verbesserung der Situation beitragen?

Ihren engsten Freunden und Verwandten Wie hat sich die Beziehung in jüngster Zeit entwickelt? Störte irgend etwas das Vertrauen und den gemeinsamen Spaß? Haben Sie oder einer Ihrer Freunde/Verwandten etwas auf dem Herzen, was schon längst hätte ausgesprochen werden sollen?

♀ Die Ich AG für Frauen

Bilanzziehen in eigener Sache ist für Frauen oft schwer. Die systematische und nüchterne Beschäftigung mit der Umsetzung des eigenen Lebensentwurfs kollidiert mit frühkindlichen Mädchen-Programmierungen wie »Nimm dich nicht so wichtig«, »Lass nur, ich mach das schon für dich«, »Eigenlob stinkt«, »Dräng dich nicht in den Mittelpunkt«. Solche Einflüsterungen gilt es zu überwinden. Sie sind es wert, dass Sie sich eine Auszeit nehmen und Bilanz ziehen. Für die zwei Tage Ihrer Klausur stehen nur Sie und niemand anders im Mittelpunkt. Fehler und Misserfolge können Sie offen zugeben, ohne gleich dem »typisch weiblichen« Drang zur Selbstzerfleischung nachzugeben. Und Eigenlob über Erreichtes dürfen Sie ruhig genießen. Machen Sie sich nicht künstlich klein! Wenn Sie Ihre Klausur auch noch mit einem Wellness-Wochenende verbinden können – umso besser und cleverer, denn dann haben Sie gleich schon den ersten Schritt in Richtung eines wichtigen Ziels unternommen: »Ich will mehr Gutes für mich tun.«

Besonders wertvoll sind die Gespräche mit Ihren »Stakeholdern«, wenn Querverbindungen entstehen und über den Tellerrand geschaut wird. Das kennen wir auch von Hauptversammlungen: Die Wortmeldungen von Aktionären enthalten oft viel mehr Wahrheit, Biss und Schonungslosigkeit als die große, oftmals die tatsächliche Lage beschönigende Rede des Vorstandsvorsitzenden. Also hören Sie ruhig einmal Ihrem Freund zu, der Sie wegen Ihrer ständigen Arbeitsüberlastung kritisiert. Oder der mit Ihrem/r Partner/in gesprochen und dort massive Unzufriedenheit festgestellt hat. Auch Eltern können ihren erwachsenen und erfolgreichen Kindern in einem offenen Gespräch noch oft den Spiegel vorhalten. Vielleicht trauen sich sogar Ihre Kollegen oder Mitarbeiter, Ihnen zu sagen, dass Sie gesundheitlich einen angeschlagenen Eindruck machen oder dass Ihre Nervosität und Launigkeit die Zusammenarbeit erschweren.

Die Jahres-Klausur

Mit diesen Informationen und Ihrem eigenen Lebensentwurf von Kapitel 2 im Gepäck können Sie nun getrost in Klausur gehen, sich Rechenschaft ablegen und neue Pläne schmieden. Die folgende

Checkliste dient zum Ordnen der Gedanken und Projekte. Viel Spaß und Erfolg dabei!

Persönliche Bilanz 200 ... meiner Ich AG

1. Welche Ziele hatte ich mir für dieses Jahr gesetzt?
   - für mich selbst ....
   - für meine Beziehungen ....
   - für meine Aktivitäten ....
2. Zu welchem Grad habe ich diese Ziele erreicht? Bin ich damit zufrieden? Was hinderte mich?
   - für mich selbst ....
   - für meine Beziehungen ....
   - für meine Aktivitäten ....
3. Wie bin ich im zurückliegenden Jahr mit meinen Ressourcen umgegangen?
   - meinen persönlichen Werten ....
   - meiner Zeit, d. h. gab es erfolgreiches Zeitmanagement ....
   - meinen Finanzen ....
   - meinem Know-how ....
   - meiner Gesundheit (Körper und Geist) ....
   - meinen Beziehungen ....
4. Welches Feedback habe ich von meinen wichtigsten »Stakeholdern« – inkl. meiner selbst (zum Beispiel Signale des Körpers, der Träume etc.) bekommen? Kann ich es annehmen beziehungsweise welcher Handlungsbedarf ergibt sich daraus?

   ....

   ....

5. Welche Ziele für das kommende Jahr ergeben sich aus dieser Bilanz?
   - für mich selbst . . . .
   - für meine Beziehungen . . . .
   - für meine Aktivitäten . . . .
6. Welche konkreten Maßnahmen leite ich kommendes Jahr ein, um meine Ressourcen zu stärken?
   - persönliche Werte . . . .
   - Zeit . . . .
   - Finanzen . . . .
   - Know-how . . . .
   - Gesundheit (Körper und Geist) . . . .
   - Beziehungen . . . .
7. Mit welchen Rückschlägen/Saboteuren rechne ich und wie gehe ich damit um (Gegenstrategie)?

   . . . .

   . . . .
8. Wann und woran messe ich meine Fortschritte?

   . . . .

   . . . .

Projektmanagement für die Ich AG

Wem die jährliche Klausur zur Erfolgskontrolle zu wenig ist, der kann selbstverständlich auch während des Jahres seine Ziele, Strategien und Aktivitäten auf den Prüfstand stellen. Dies empfiehlt sich vor allem bei größeren Vorhaben, zum Beispiel einem Stellenwechsel oder einer Weiterbildung. Hilfreich hierbei ist die Orientierung an klassischen Methoden des Projektmanagements, wie sie in der Wirtschaft alltäglich eingesetzt werden. Für die Ich AG sieht dauerhafte Erfolgskontrolle per Projektmanagement so aus:

Definieren Sie Ihr Ziel. Beispiel: Ich möchte nicht länger als Buchhalter arbeiten, sondern mich beruflich als Event-Manager etablieren, da ich schon mehrfach Talent für die Organisation großer Veranstaltungen bewiesen habe.

Stellen Sie einen Aktivitätenplan auf und legen Sie so genannte »Milestones« fest. Das sind wichtige Etappenziele, die bis zu einem bestimmten Zeitpunkt erreicht sein sollen. Für unser Beispiel könnte das heißen:
bis Dezember 200_: Analyse des Arbeitsmarktes für angestellte Event-Manager beziehungsweise der Chancen einer eigenen Firmengründung;
bis Februar 200_: Entscheidung für detaillierte Bewerbungsstrategie beziehungsweise Businessplan für Firmengründung;
bis April 200_: Klären der finanziellen Erfordernisse (zum Beispiel Gründer-Darlehen) usw.

Bleiben Sie hart und zugleich flexibel. Weichen Sie also nicht leichtfertig vom vorgezeichneten Ziel »Event-Manager« ab. Wenn Sie sich vorgenommen haben, bis Ende Dezember mit der Marktanalyse fertig zu sein, dann ist in diesem Jahr zwangsläufig die freie Zeit für Weihnachtseinkäufe und Adventsbesuche bei Freunden knapper bemessen. Allerdings: Kein Projektplan ist gänzlich unumstößlich. Fachleute sprechen vielmehr vom »dynamischen kritischen Pfad«. Das heißt ganz einfach: Behalten Sie Ihre »Milestones« fest im Auge, aber bleiben Sie beweglich genug, um jeden Tag neu Ihre Prioritäten setzen zu können. Wenn zum Beispiel Ihr/e Partner/in plötzlich krank wird, dann vergessen Sie über Ihrer Marktanalyse nicht, sich in dieser Zeit auch um ihn/sie oder Ihre Kinder zu kümmern.

Lassen Sie sich freiwillig auf die Finger schauen. Im Unternehmen muss der Projektleiter regelmäßig seinem Vorgesetzten oder Kunden Bericht über die Fortschritte geben. Sie können ein Familienmitglied, einen Freund oder vertrauenswürdigen Kollegen bitten, sich Ihre »Milestones« anzuschauen und zu bestimmten Terminen einen Bericht von Ihnen zu verlangen.

Seien Sie gnädig mit sich. Wenn trotz aller Bemühungen die Marktanalyse bis Ende Dezember nicht fertig war, dann werfen Sie nicht gleich die Flinte ins Korn. Nun heißt es, den Projektplan zügig anzupassen, damit sich die einmal aufgetretene Verzögerung nicht fortpflanzt. Das kann vorübergehend ein wenig Mehrarbeit bedeuten. Umso schöner ist es, wenn Sie die Verspätung bis zum nächsten »Milestone« wieder aufgeholt haben. Dann ist auf jeden Fall eine Belohnung fällig (zum Beispiel ein Saunabesuch mit anschließender Rückenmassage, ein neuer Pullover oder ein Picknick mit der Familie). Blättern Sie auch noch einmal zurück zum Kapitel 2 »Umgang mit Rückschlägen und Saboteuren«.

Vorsicht vor Scheuklappen! Sie können noch so beseelt sein von dem Ziel, sich eine Existenz als Event-Manager aufzubauen. Es wird ihnen schwerlich gelingen, wenn Sie darüber Ihren aktuellen Beruf so vernachlässigen, dass Ihnen gekündigt wird. Dann frisst vielleicht die vorübergehende Arbeitslosigkeit Ihre Ersparnisse auf, die Sie für die Firmengründung eingeplant hatten. Auf Dauer sollte keine der drei Ebenen Selbst – Beziehungen – Aktivitäten unter der Umsetzung eines einzelnen Projektes leiden.

Die Erfahrungen bei Einzelprojekten dieser Art können Sie dann wieder in Ihrer Jahresklausur bündeln. So schließt sich der Kreis und Sie verhindern, dass unter einem einzigen Ziel Ihr restliches Leben leidet.

⌘ Die Ich AG vernetzt

Wie arbeiten Aufsichtsrat und Hauptversammlung mit den Kollegen der Ich AG zusammen?

- Regelmäßige Erfolgskontrolle brauchen alle Gremien und Einrichtungen der Ich AG, um funktionieren zu können.
- Die persönliche Bilanz ermöglicht das optimale Zusammenspiel aller Aspekte der Ich AG.

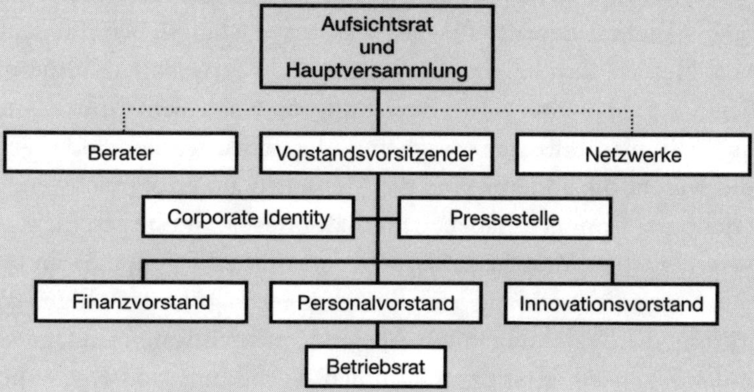

9

Die Netzwerke: Knüpfen Sie Kontakte für die Ich AG

Vitamin B, Seilschaften, Beziehungen, Amigos, Friends of …, Old Boys Network, Friends & Family, Klüngel – es gibt viele (meist negativ angehauchte) Begriffe für das, was unser Alltagsleben mit seinen feinen Netzen durchzieht. In Politik und Wirtschaft, Kultur und »Society« geht nichts ohne Beziehungen. Nach dem Motto »man kennt sich, man hilft sich«, »sehen und gesehen werden« oder »eine Hand wäscht die andere« sind die Menschen am erfolgreichsten, die die richtigen Kontakte haben, dauerhaft pflegen und sie geschickt einzusetzen wissen. Manche gehen sogar so weit zu sagen, dass im typischen Karriere-Dreiklang von Beziehungen – Wissen – Eigen-Vermarktung die Beziehungen mit Abstand am wichtigsten sind, gefolgt von der Eigen-PR. Erst dann kommen Ausbildung und Know-how.

Erfolgreiche Manager, Politiker oder auf andere Art ambitionierte Personen wissen das und verbringen viel Zeit in typischen Netzwerken wie

- Berufsverbänden,
- Wirtschafts- und Unternehmerverbänden,
- Kammern,
- Parteien,
- Ehemaligen-Clubs (Schule, Universität),
- Vereinen,
- Clubs (zum Beispiel Rotary, Lions),
- Frauen-Vereinigungen,
- Wohltätigkeitsorganisationen.

Im Privatbereich kommen Bürgerinitiativen, Hobby-Netzwerke und Sportvereine hinzu. Neben der Sacharbeit, die je nach Art der Zusammenkunft auch geleistet wird, geht es beim Netzwerken um Zweierlei:

Bühne der Eitelkeiten: Sie

- werden als zugehörig zu einem bestimmten Kreis wahrgenommen,
- übertragen das Prestige der Vereinigung und ihrer Mitglieder auf sich selbst,
- finden ein ideales Forum zur Eigen-Vermarktung,
- treffen sich mit (potenziell) wichtigen Kontaktpersonen und werden ihrerseits als solche gesehen.

Marktplatz der Informationen und Chancen: Sie

- erfahren aktuelle Neuigkeiten inklusive Klatsch und Tratsch,
- können selbst gezielt Informationen in Umlauf bringen,
- bahnen politische oder geschäftliche Transaktionen an,
- erhalten oder geben Empfehlungen, die nützlich sein können,
- lernen über Netzwerk-Mitglieder neue Personen kennen und erhalten Informationen, wodurch Sie Ihren Wirkungsradius vergrößern.

Jeden dieser Netzwerkvorteile können Sie auch für Ihre Ich AG nutzen, denn »die Kunst des Klüngelns« (so ein Buchtitel von Anni Hausladen und Gerda Laufenberg) ist nicht den Reichen und Schönen vorbehalten. Im Gegenteil: Gerade wenn Sie noch in der Aufbauphase Ihrer Karriere oder Ihrem wie auch immer gearteten persönlichen Lebensentwurf sind, ist Netzwerken extrem wichtig, nützlich und sinnvoll. Wenn Sie einmal da sind, wo Sie hin wollten und auch noch Erfolg haben, dann kommen die interessanten Menschen von ganz alleine auf Sie zu. Vorher müssen Sie aktiv netzwerken!

Warum netzwerken?

- »Ich hab für so etwas keine Zeit, ständig diese Treffen, Essensverabredungen, Empfänge.«
- »Ich schaffe ja meine Arbeit kaum während des Tages, da kostet mich das ständige Weggehen mit Leuten nur unnötig Zeit.«
- »Ich brauche dieses Gemauschel nicht für meine Karriere. Nur Leistung zählt.«
- »Das ist doch nur was für Profilneurotiker und Plaudertaschen. Wirklichen Nutzen bringt das doch nicht.«
- »Meine knappe Zeit ist mir zu kostbar dafür. Die verbringe ich lieber mit echten Freunden oder mit mir alleine.«

So lauten die häufigsten Einwände oder Ausreden gegen das Netzwerken. Nachvollziehbar ist nur der letzte: Wenn Sie in Ihrem persönlichen Lebensentwurf die Entscheidung getroffen haben, dass Karriere, Macht und Einfluss nicht so wichtig für Sie sind, dann können Sie zumindest auf das strategische berufliche Netzwerken verzichten und Ihre Zeit mehr der Familie, Freizeit oder sich selbst widmen. Ganz ohne Netzwerke ist zwar niemand, aber zumindest Empfänge, Verbandstreffen und Ähnliches können Sie sich dann in der Tat schenken.

Die anderen »Gegenargumente« sind schnell entkräftet:

Keine Zeit, ständig überlastet, der Terminkalender hat keine Lücken mehr fürs Netzwerken? Dann stimmt etwas mit Ihrem Zeitmanagement nicht (siehe Kapitel 2). Niemand verlangt von Ihnen, auf jeder Hochzeit zu tanzen und jede Woche vier Abendtermine wahrzunehmen. Doch mit den folgenden Schritten können Sie sinnvolle Netzwerkaktivitäten sehr gut in Ihren Alltag einbauen:

- Identifizieren Sie die ein bis drei für Ihr Berufs- und Branchenumfeld wichtigsten Vereinigungen, Clubs oder Verbände. Werden Sie Mitglied und nehmen Sie zumindest an den Jahrestagungen teil –

am besten aktiv mit einem eigenen Vortrag oder einer Workshopleitung. Das sind maximal drei Termine pro Jahr, die sich bei guter Vorbereitung aber sehr lohnen können!

- Identifizieren Sie an Ihrem Wohnort ein bis drei Netzwerke oder Vereine, in denen Sie gerne mitmachen möchten, um bestimmte Menschen kennen zu lernen und/oder bestimmte Ziele zu erreichen. Werden Sie Mitglied und nehmen Sie zumindest an den Jour-fixe-Terminen teil. Mindestens zweimal im Jahr sollten Sie auf sich aufmerksam machen, zum Beispiel durch einen Vortrag oder eine ehrenamtliche Tätigkeit.
- Legen Sie sich eine Liste der Menschen an, die Sie für berufliche oder private Zwecke gerne kennen lernen würden. Recherchieren Sie, wann und wo Sie sie treffen können und bauen Sie diese Termine fest in Ihren Jahresterminplan ein. Nach spätestens drei Jahren haben Sie bei ein wenig Geschick all diese Leute in Ihrem Visitenkartenkasten. Vergessen Sie aber nicht, diese Netze auch zu pflegen.
- Bauen Sie Ihre Netzwerktermine mit hoher Priorität in Ihr Zeitmanagement ein. Machen Sie nicht zu häufig den Fehler, Verabredungen mit interessanten und/oder nützlichen Menschen unter Zeitdruck immer wieder abzusagen. Netzwerken muss in Ihrem Zeitquadrat eine größere Bedeutung haben als Überstunden oder innerbetriebliche Routineaufgaben.

Netzwerken kostet unnötig Zeit? Netzwerken spart Zeit und hilft, die kleinen und großen Aufgaben des Lebens besser zu meistern. Jeder, der aktiv und verantwortungsvoll Beziehungen pflegt, weiß das. Ein paar Beispiele:

- Sie müssen für eine Präsentation recherchieren, wie die Investitionsbedingungen für ausländisches Kapital in China sind. Entweder Sie recherchieren im Internet, um Fachartikel und Informationen herauszuziehen. Oder Sie erinnern sich, dass Ihr Tischnachbar in der IHK-Arbeitsgruppe einmal für die deutsch-chinesische Handelskammer gearbeitet hat.

- Sie arbeiten in einer Pressestelle und sollen für die Hauszeitschrift eine Reportage über neue Forschungsergebnisse in Ihrem Konzern schreiben. Entweder Sie fangen jetzt erst damit an, sich den Verantwortlichen mühsam telefonisch vorzustellen und Ihr Anliegen vorzubringen. Oder Sie haben sich bei der letzten Firmenfortbildung so nett mit der Forschungsleiterin der Tochtergesellschaft XY unterhalten, dass Sie jetzt nach einem Mittagessen mit ihr unkompliziert und schnell Ihre Recherchen beisammen haben.
- Sie kommen aus dem Urlaub mit drei Koffern Schmutzwäsche nach Hause und die Waschmaschine streikt. Entweder Sie wühlen sich durch die Gelben Seiten und führen unzählige Telefonate, bis Sie einen Wochenendnotdienst gefunden haben. Oder Sie fragen Ihren Schwager, von dem Sie wissen, dass sein Tennispartner Installateur ist und Ihnen schnell und unkompliziert helfen kann.

Leute, die Leistung bringen, haben Netzwerken nicht nötig? Das ist nun wirklich Unsinn, der entweder von notorischen Einzelkämpfern oder Kommunikationsmuffeln verbreitet wird. Es gilt: Spitzenleistungen lassen sich über Netzwerke erst so richtig vermarkten und für die Karriere einsetzen. In Netzwerken

- können Sie Informationen über Ihre Fähigkeiten verbreiten,
- erfahren Sie, was die Konkurrenz macht und wie Sie sich davon absetzen können,
- hören Sie von interessanten ~~Jobs,~~ die gerade zu ~~vergeben~~ sind.
- können Sie jemanden finden, der Sie empfiehlt,
- erhalten Sie Kontakte zu möglichen Arbeitgebern, Kunden oder Geschäftspartnern,
- können Sie jemandem etwas Gutes tun und dafür irgendwann eine Gegenleistung erbitten,

- werden vielleicht wichtige Leute auf Sie aufmerksam, was in Ihrem stillen Bürokämmerlein eher unwahrscheinlich sein dürfte.

Netzwerke sind Gemauschel und Vetternwirtschaft? Mag sein, muss aber nicht. Man kann nicht den ganzen Netzwerkgedanken schlechtreden, nur weil zwischen ehrlichen, kommunikationsfreudigen Menschen auch ein paar schwarze Schafe sind. Unregelmäßigkeiten bis hin zur Korruption finden statt, ob es nun Netzwerke gibt oder nicht. Definieren Sie einfach für sich persönlich ethisch einwandfreie Verhaltensregeln, zum Beispiel »Ich helfe gerne jedem Freund, wenn ich kann, aber

- ich breche dafür nicht die Gesetze,
- ich schade dafür nicht meinem Unternehmen,
- ich lüge nicht,
- ich besteche nicht,
- ich schade wissentlich keinem anderen Netzwerk-Mitglied.«

Netzwerke bringen nichts? Man kann leicht eine lange Liste mit echten und wirkungsvollen Vorteilen des Netzwerkens aufstellen, zum Beispiel

- Sie bekommen Einschätzungshilfen vor schwierigen Entscheidungen (»Sag mal, wie siehst du das als Experte für dieses Thema?«).
- Sie können unverbindlich vor wichtigen Auftritten ihre Wirkung testen (»Kannst du dir bitte die Präsentation anhören, die ich morgen vor dem Vorstand halten muss?«).
- Sie erhalten Warnungen, wenn eine Entwicklung gegen Sie läuft (Du, der XY war beim Chef und hat versucht, dein Projekt zu übernehmen.«).
- Sie hören ehrliches Feedback, weil gute Netzwerkkontakte aufrichtig miteinander umgehen (»Also ich finde, beim nächsten Mal solltest du dich besser vorbereiten.«).

- Sie können über Mitgliederverzeichnisse schnell den passenden Ansprechpartner für ein Anliegen finden. So bietet zum Beispiel das Managerinnen-Netzwerk EWMD auf seiner Internetseite www.ewmd.org die Möglichkeit, ein Porträt in einer Datenbank abzulegen. Wer dann zum Beispiel eine Beraterin für interkulturelle Kommunikation oder eine IT-Spezialistin sucht, wird dort fündig.
- Sie können U-Boote aussenden, um an schwer zugängliche Informationen zu kommen (»Du hast doch früher einmal bei Firma XY gearbeitet. Kenntst du da noch jemanden, der an eine bestimmte Info herankommt?«).

Netze knüpfen

Beim Stichwort Netzwerken denkt man unwillkürlich an hochkarätige Kontakte zu wichtigen Personen. Notwendig ist das nicht unbedingt: Sie müssen nur genau die Leute kennen, die für Ihre Zwecke wichtig sind – und das kann vom Bundeskanzler bis zum Automechaniker um die Ecke jeder und jede sein.

Wenn Sie auch zu denen gehören, die sagen »Ich kenne doch niemanden«, dann nehmen Sie sich einmal Zeit und überlegen, aus welchen Bereichen Sie bestimmte Personen kennen:

Aus meiner Familie

- enge und weitläufige Verwandte
- zugeheiratete Personen und deren Familien
- Freunde und Nachbarn meiner Verwandten

Aus dem/den Wohnort/en meiner Kindheit

- Nachbarn
- örtliche Honoratioren
- Vereinsmitglieder

Aus Schule, Ausbildung, Universität

- Lehrer, Schulkameraden
- Lehrlingskollegen, Ausbildungspersonal
- Hochschulpersonal/Professoren, Studienkollegen
- Mitglieder von Schul- und Universitäts-Clubs
- Teilnehmer von Kursen und Lehrgängen

Durch meinen heutigen beziehungsweise früheren Arbeitsplatz

- Kollegen, Vorgesetzte, Kunden, Geschäftspartner, Konkurrenten
- Verbandsvertreter, Branchenvertreter
- Teilnehmer oder Lehrer einer beruflicher Fortbildung
- Journalisten, Headhunter

Durch meinen Ehe- oder Lebenspartner, durch unsere beziehungsweise meine/seine Kinder

- Schulfreunde, Ausbildungskollegen der Kinder, deren Eltern und Lehrer
- Berufskollegen und -kontakte meines Partners
- Verwandte und Bekannte meines Partners

Aus meinem jetzigen Wohnort

- Nachbarn
- örtliche Honoratioren
- Vereinsmitglieder
- Grundstückseigentümer, Vermieter und Makler
- Geschäftsleute, Lieferanten, Handwerker, Ärzte

Durch mein Hobby und durch Urlaubs-/Geschäftsreisen

- Sportkameraden, Vereinsmitglieder
- Gastronome, Hoteliers
- Urlaubsbekanntschaften

Durch meine persönliche Finanzplanung

- Banker, Anlageberater
- Notare, Rechtsanwälte, Steuerberater
- Architekten, Bauunternehmer

durch ehrenamtliche Tätigkeiten

- Parteivertreter, Politiker
- Mitglieder von Wohltätigkeitsverbänden, Organisationen und Clubs, Gleichgesinnte

Doch bevor Sie nun ein Chaos aus handschriftlichen Zetteln oder Karteikartenkästchen produzieren, empfehle ich die Investition in eine Adress- beziehungsweise Kontaktdatenbank. Wenn an Ihrem PC-Arbeitsplatz beispielsweise Access von Microsoft oder eine entsprechende Anwendung in Ihrem E-Mail-System Outlook beziehungsweise Lotus Notes installiert ist, dann können Sie damit arbeiten. Zwei Bedingungen müssen allerdings erfüllt sein: Stellen Sie sicher, dass private Einträge nicht von Kollegen eingesehen werden können. Und klären Sie, wie Sie Ihre Adressdaten bei einem eventuellen Ausscheiden aus der Firma mitnehmen können (zum Beispiel durch einen Export in ein Excel-Format). Am einfachsten und auf jedem Computer zu Hause praktikabel ist eine einfache Excel-Tabelle. Die elektronische Form der Adress-Speicherung hat viele Vorteile. Sie können beispielsweise:

- schnell nach Namen, Orten oder Stichworten zu einzelnen Personen suchen,
- Ihre Bestände nach Orten sortieren (Wen kenne ich in Hamburg, wenn ich da kommenden Monat hinziehe?),
- Vermerke über Weihnachtskarten, Geschenke etc. einpflegen und im kommenden Jahr schnell wieder auffinden,
- Serienbriefe oder Adressetiketten ausdrucken.

Ihre Excel-Datenbank sollte folgende Felder haben:

- Anrede
- Name
- Vorname
- Titel
- Geburtstag
- Firma
- Abteilung
- Funktion
- Straße Firma
- PLZ Firma

- Ort Firma
- Telefon Firma
- Fax Firma
- Mail Firma
- Handy Firma
- Website Firma
- Sekretärin
- Straße privat
- PLZ privat
- Ort privat
- Telefon privat
- Fax privat
- Mail privat
- Handy privat
- Name Partner
- Geburtstag Partner
- Name Kind(er)
- private Infos
- Berufsweg
- aktuelle Position
- Spezialgebiet
- hat Kontakte zu …
- Vorlieben
- Abneigungen
- Hobbys
- kennen gelernt wo/wann?
- letzter Kontakt wann/warum?
- hat für mich getan …
- habe für Sie/Ihn getan …
- Weihnachtskarte
- Weihnachtsgeschenk
- Geburtstagskarte
- Geburtstagsgeschenk

Netze pflegen

Ein persönliches Netzwerk aufzubauen und eine dicke Adressdatei zu haben ist das eine, das Netz mit Leben zu füllen und auch zu pflegen ist eine noch größere Herausforderung. Die »Mutter aller Netzwerk-Regeln« lautet: Betrachten Sie Ihre Netzwerkkontakte nie nur als Mittel zum (Karriere-)Zweck, die sie nach Belieben ausnutzen und rein taktisch einsetzen können. Das wird Ihnen auf Dauer alle Beziehungen verderben. Netzwerken ist vielmehr ein Lebensstil, ein Ausweis hoher sozialer Intelligenz. Der »homo contactus« beherrscht folgende Spielregeln:

Betreiben Sie Geben und Nehmen. Sehen Sie Ihr Beziehungsgeflecht als eine Art Konto. Wenn Sie von einer anderen Person profitieren, dann erfolgt eine Abbuchung. Tun Sie jemandem einen Gefallen, steigt Ihr Kontoguthaben. Insgesamt, aber auch auf einzelne Personen bezogen, sollten Ab- und Aufbuchungen einigermaßen im Lot sein. Und die goldene Regel des Netzwerkens heißt: Sie sollten bei einer neu geknüpften Beziehung immer erst in Vorleistung gehen – also erst einmal dem anderen etwas geben (einen Gefallen, eine Information, eine Empfehlung, ein offenes Ohr etc.). Erst dann ist der Zeitpunkt gekommen, an dem Sie um etwas bitten können. Wer Beziehungen eingeht, um sogleich einen Nutzen aus ihnen zu ziehen, wird schnell einsam sein.

Bleiben Sie am Ball. Ein Eintrag in Ihrer Kontaktdatenbank ist noch keine Beziehung. Erst wenn regelmäßig Berührungspunkte da sind (Gespräche, Treffen, Telefonate, Glückwünsche, Hilfestellungen etc.), festigt sich Vertrauen.

Verzetteln Sie sich nicht. Da Sie nicht mit Hunderten und mehr Menschen regelmäßig sprechen können, hilft die altbewährte 80/20-Regel. Mit 20 Prozent Ihrer Kontakte können Sie 80 Prozent des Netzwerkpotenzials heben. Also klären Sie, wer zu diesen sehr wichtigen Menschen in Ihrem Umfeld gehört und konzentrieren Sie sich insbesondere auf sie. Nicht die Masse, die Klasse Ihrer Kontakte zählt!

Machen Sie Ihre Hausaufgaben. Sie haben ständig Termine und andere Gelegenheiten, neue Menschen kennen zu lernen und bestehende Kontakte zu vertiefen. Das geht umso besser, je intensiver Sie sich auf die Zusammenkunft vorbereiten. Wo sind die Anknüpfungspunkte zu diesem bestimmten Menschen? Gibt es Gemeinsamkeiten? Welche Botschaft wollen Sie platzieren? Wie kommen Sie am besten zu Ihrem Ziel?

Überwinden Sie sich. Wenn Sie nicht auf Menschen zugehen und mit Ihnen ins Gespräch kommen, werden Sie nie erfahren, ob man sich gegenseitig hätte nützen können. Versuchen Sie es bei jeder Gelegenheit: im Fortbildungsseminar, in der Firmenkantine, im

Aufzug, auf Partys und Empfängen, bei Vereins- und Verbandstreffen, bei der Schultheateraufführung Ihrer Kinder usw. usw.

Interessieren Sie sich. Menschen merken, ob man sich aufrichtig für sie interessiert oder nur ausnutzen will. Ein Beispiel ist der typische Small Talk: Wer auf Partys ziellos umhergeht und nur oberflächlich oder gar desinteressiert mit allen möglichen Leuten redet, der wird kaum nachhaltige Beziehungen knüpfen. Ein lebhaftes, voll konzentriertes Gespräch mit nur wenigen Menschen ist viel effektiver und sympathischer.

Vernetzen Sie Netze. Sie haben nicht nur Ihr Netzwerk, sondern auch das Ihrer engeren Kontaktpersonen. Wenn Sie jemanden nicht kennen, den Sie gerade brauchen könnten, dann kennen Sie jemanden, der eben diesen Menschen kennt. So potenziert sich die Zahl Ihrer Beziehungen rasant.

Bleiben Sie sachlich. Netzwerk-Kontakte sollten nicht automatisch als Freundschaften gesehen werden. Die meisten sind wohlverstandene und auf Fairness basierende Zweckbeziehungen. Als solche erfüllen sie wunderbar ihre Aufgabe, sind aber kein Ersatz für wirklich tiefe private Freundschaften oder gar Liebesbeziehungen.

Seien Sie diszipliniert. Gehören Sie zu denen, die Visitenkarten in einem Schuhkarton anhäufen oder einfach in die Brieftasche stecken? Da sind sie wertlos. Ihr Netzwerk lebt erst dann, wenn Sie immer die aktuellen Informationen über eine Person abrufen können. Also: Sie haben abends zwei neue Leute kennen gelernt? Schreiben Sie noch vor dem Schlafengehen oder spätestens am nächsten Morgen alles, was Sie von diesem Menschen erfahren haben, in Ihre Datenbank.

♀ Die Ich AG für Frauen

Frauen haben eigene Netzwerke. Sie heißen EWMD (European Women Management Development Network), FIM (Frauen im Management), BPW (Business Professional Women), Zonta oder Soroptimiste. Dahinter verbergen sich keine feministischen Vereine. Im Mittelpunkt stehen Karriere, soziales Engagement und nicht zuletzt der Austausch zwischen engagierten Frauen in einer ungezwungenen Umgebung. Das Netzwerkprinzip ist dasselbe wie bei typischen Männerclubs à la Rotarier: Man kennt sich, man hilft sich. Oder anders gesagt: Auf dem Weg zum Erfolg sind Bekanntschaften und Kontakte enorm wichtig. »Gegenseitiges Geben und Nehmen« – so drückt EWMD die Philosophie etwas vornehmer aus. Gegeben und genommen werden unter anderen Know-how, Ratschläge, Kontakte, Coaching, Geschäftschancen, Aufträge, Kooperationen, Tipps rund um das berufliche und persönliche Fortkommen. Entsprechend wichtig ist es, sich ein Netzwerk mit interessanten, gestandenen Frauen auszusuchen. Nach Überzeugung der meisten Frauenclubs ist es sinnvoll, dass Männer höchstens ausnahmsweise als Gast bei Veranstaltungen dabei sind. Der Grund: Erfolgreiche Frauen sind schon bei der Arbeit meist »allein auf weiter Flur«, da wollen sie sich einmal ohne Männer austauschen. Und doch distanzieren sich Netzwerkerinnen nicht von der Männerwelt – im Gegenteil: Sie ziehen gerade aus dem Frauenverbund wertvolle Energie und Impulse, um im nach wie vor männlich geprägten Berufsleben erfolgreich zu sein. Die Clubs unterteilen sich in berufsspezifische (zum Beispiel Juristinnenbund) und gemischte Vereinigungen, wo alles von A wie Anlageberaterin bis Z wie Zahnärztin vertreten ist. Hier wie da steht der berufliche Erfolg im Zentrum – und die Nachwuchsförderung. In Mentoringprogrammen stehen etablierte Frauen Berufsanfängerinnen zur Seite. Politisches Engagement hat hohe Priorität: Fast alle Frauenvereinigungen setzen sich für die Rechte von Frauen in aller Welt ein und fördern soziale Projekte.

Seien Sie persönlich und bleiben Sie authentisch. Die Verlockung ist groß, heute nur noch über Handy und E-Mail zu kommunizieren. Ihre wichtigsten Netzwerk-Kontakte sollten Sie aber nicht ständig so abspeisen, sondern möglichst oft persönlich sehen. Vieles erfahren Sie erst, wenn Sie Ihrem Gesprächspartner gegenübersitzen, da auch die Stimmung, Gestik, Mimik und dergleichen das Gesagte begleiten und die vollständige Information ergeben. Ganz wichtig dabei: Spielen Sie keine Rolle, man wird Ihnen das auf Dauer nicht abnehmen.

Bleiben Sie diskret und verlässlich. Das sind die zwei wichtigsten Eigenschaften eines guten Netzwerkers. Konkret heißt das unter anderem: Bewahren Sie Geheimnisse. Vergessen Sie beim Klatsch und Tratsch nicht den Grundrespekt vor jedem Ihrer Bekannten. Seien Sie loyal zu Menschen, die Ihnen Vertrauen entgegenbringen. Halten Sie Ihre Zusagen ein. Bleiben Sie in Kontakt zu Menschen, auch wenn Sie eine Krise durchmachen (Krankheit, Arbeitslosigkeit).

Achten Sie auf eine gesunde Mischung. Viele Menschen zu kennen, die dasselbe oder Ähnliches wie Sie wissen und können, ist nicht sehr hilfreich. Sie sollten auf eine bunte Mischung aus Personen in Ihren Netzwerken zurückgreifen können, die auch aus anderen Branchen und Berufen kommen und in anderen gesellschaftlichen Kreisen verkehren. Nur das bringt Sie voran.

Schützen Sie Ihr Netzwerk. Es kann gefährlich sein, das eigene Kontakt-Netzwerk zu offenherzig seinem aktuellen Arbeitgeber zur Verfügung zu stellen. Auf jeden Fall sollten Sie sicherstellen, dass Sie all Ihre mühsam gesammelten Informationen und Daten bei einem Jobwechsel mitnehmen und keinesfalls Ihrem Nachfolger hinterlassen.

Bleiben Sie in Ihrem Werte-Kosmos. Es ist stark davon abzuraten, sich einer Organisation nur aus Kalkül anzuschließen. Sie sollten die Philosophie, die Ziele und das Image des Netzwerks persönlich guten Herzens »unterschreiben« können. So wie Unternehmen und

⌘ Die Ich AG vernetzt

Wie sind die Netzwerke mit anderen Aspekten der Ich AG verzahnt?

- als Katalysator der Eigen-PR: Ein breit gefächertes Netzwerk ist ein wunderbarer Verbreitungskanal für Ihre Botschaften (siehe Kapitel 4).
- als Assistent des Finanzvorstandes: In funktionierenden Netzwerken können Sie Geschäfte anbahnen, lukrative Jobs finden und Aufträge akquirieren (siehe Kapitel 5).
- als Ausgleich zu Stress und Erfolgsdruck: Netzwerk-Kontakte, besonders in der Freizeit, helfen Ihnen beim Abschalten, bringen Spaß und geben einen wichtigen emotionalen Ausgleich zum Beruf (siehe Kapitel 7).

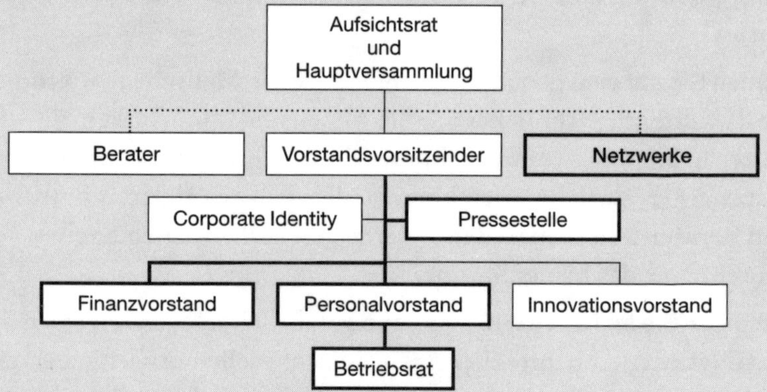

Organisationen haben auch Netzwerke und Vereine heute immer häufiger ein Leitbild.

Gehen Sie geschickt mit Informationen um. Sammeln Sie bei jeder Gelegenheit Informationen über Veränderungen bei Ihren Netzwerk-Kontakten. Jobwechsel, Hochzeiten und andere Anlässe sollten Sie notieren und als Anknüpfungspunkt zur Gratulation oder auch für ein längeres Gespräch nutzen. Genauso empfiehlt es sich, dass Sie bei Veränderungen in Ihrem Leben (ganz wichtig: Umzug!) Ihre Bekannten auf dem Laufenden halten.

10
Die Berater: Geben Sie der Ich AG den letzten Schliff

Unternehmensberater sind aus unserer Wirtschaft nicht mehr wegzudenken. Vorbei die Zeiten, da sich nur große, international tätige Konzerne diesen Luxus erlaubten. Heute geht kaum eine Transaktion in kleinen, mittleren oder großen Firmen ohne externe Berater über die Bühne – ob Übernahme, Fusion, Börsengang, Mitarbeiterabbau oder die Erschließung neuer Märkte. Für die passende Besetzung offener Stellen sind Personalberater (Headhunter) zuständig, Öffentlichkeitsarbeit mit Medien oder Aktionären wird zunehmend in die Hände von Kommunikationsberatern gelegt. Die seit den 1980er Jahren boomartig gewachsene Zunft der Berater erzielt Jahr für Jahr Milliardenhonorare.

Kritiker schimpfen, dass hochbezahlte Manager ihre Defizite oder Entscheidungsschwächen durch das Engagieren teurer Berater vertuschen wollten. Das mag in Einzelfällen so sein. Meist hat der Auftrag an externe Fachleute aber etwas mit dem effizienten Einsatz von knappen Ressourcen zu tun. Kajo Neukirchen, bis Mai 2003 Vorstandsvorsitzender der mg technologies AG (vormals Metallgesellschaft), brachte es mit folgendem Ausspruch in der *Welt am Sonntag* vom 27. Oktober 2002 auf den Punkt: »Ein Unternehmen muss sich auf seine Kernkompetenzen konzentrieren. Wenn eine strategische oder operative Aufgabe zu lösen ist, die außerhalb dieser Kernkompetenzen liegt, dann kaufen wir uns externen Sachverstand hinzu und auch die Zeit, die das Management im Hause dafür nicht hat.«

Genau das ist auch die empfehlenswerte Marschroute für die Ich

AG. Holen Sie sich externe Hilfe, wenn Sie vor Aufgaben oder Problemen stehen:

- Sie kommen alleine nicht zurecht, finden keine befriedigende Lösung und leiden unter diesem Zustand. Beispiele: seelische Probleme wie übergroßes Lampenfieber vor öffentlichen Auftritten, Durchsetzungsschwäche oder Mobbingfolgen.
- Sie würden für eine Lösung »auf eigene Faust« so viel Zeit, Umwege, Ausprobieren etc. benötigen, dass sich die Investition in einen Berater lohnt. Beispiele: Verbesserung Ihrer rhetorischen Fähigkeiten und Ihres Schreibstils für Präsentationen und Korrespondenz.
- Sie brauchen einen neutralen Dritten als Spiegel, Feedback-Geber, Kritiker etc. Beispiele: vieles, was mit Ihrer Corporate Identity zu tun hat (Kleidung, Körperhaltung, Stimme).

Doch wo anfangen? Ebenso wie bei Unternehmensberatern ist auch der Markt für persönliches Coaching und Training extrem unübersichtlich. Bevor Sie sich für konkrete Aktivitäten entscheiden, sollten Sie prüfen:

1. Was genau brauche ich, um einen erkennbaren Nutzen für mein spezifisches Problem zu erzielen? Mal eben einen Rhetorikkurs zu buchen bringt wenig, wenn Sie eigentlich nicht auf den Mund gefallen sind, aber ausgerechnet in Konfliktsituationen Ihre Argumente nicht mehr darlegen können – aus Angst, Ärger oder sonstigen Motiven. Hier ist ein Spezialtraining erforderlich.

2. Was bin ich bereit, an Geld und Zeit zu investieren? Die Spanne reicht vom Eintageskurs mit 20 anderen Teilnehmern (der immerhin auch

schon über 1.000 Euro kosten kann) bis zum langfristigen Einzeltraining über viele Wochen.

. . . .

3. Wie finde ich den geeigneten Trainer beziehungsweise Kurs? Besser als eine Entscheidung nur auf Basis von Werbematerial sind persönliche Empfehlungen. Auch sollten Sie vor der festen Buchung eines teuren und/oder länger dauernden Trainingskurses unbedingt ein kostenloses Vorgespräch mit dem Trainer, Coach oder Therapeuten führen. Nur so erfahren Sie rechtzeitig etwas über seine Methode, Philosophie, Referenzen und persönliche Note.

. . . .

♀ Die Ich AG für Frauen

Fast alle Trainingsangebote gibt es nach Geschlechtern getrennt. Es ist Mode, Kurse »... für Frauen« oder noch besser »... für Frauen in Führungspositionen« anzubieten. Es hat ja auch sein Gutes: In einer gleichgeschlechtlichen Umgebung sind Frauen ungezwungener und gehen ehrlicher miteinander um. Ein weiterer Pluspunkt: In der Regel werden Ihnen in Frauenkursen keine männlichen Stereotype vermittelt. Das ist besonders wichtig bei Rhetorik, Präsentation, Verhandlungsführung und persönlichem Stil. Doch es gibt auch Nachteile: Im echten Leben wollen und müssen Sie ja auch mit Männern umgehen und voneinander lernen. Deshalb ist es für bestimmte Trainings (vor allem für Kommunikation, Durchsetzungsfähigkeit) sinnvoll, typische Situationen zu üben – etwa den Umgang mit despektierlichen Zwischenrufen von männlichen Kollegen bei Ihrer Präsentation oder das Abblocken von sexistischen Bemerkungen.

Ihr Weg zur persönlichen Ich AG ist höchst individuell. Dasselbe gilt für die Frage, welche externe Hilfe und Beratung Sie brauchen könnten. Die folgenden Checklisten sollen die Entscheidung erleichtern. Sie gliedern sich in

- Coaching,
- Kurse für das äußere Erscheinungsbild,
- Körper und Geist.

Coaching

Individuelle Strategieberatung ist sinnvoll, wenn Sie
- sich über Ihren Lebensentwurf klar werden wollen,
- Ihre bisherigen Ziele, Werte und Aktivitäten nicht mehr überzeugend finden,
- das Gefühl haben, mehr aus sich machen zu können,
- sich bisher eher getrieben fühlten und nun selbst das Ruder in die Hand nehmen wollen,
- durch äußere Einflüsse (Arbeitsplatzverlust, Scheidung, Krankheit, Umzug) gezwungen sind, Ihr Leben in eine neue Balance zu bringen.

Gute Angebote
- bieten Beratung individuell oder in Klein-Gruppen an,
- stülpen Ihnen kein 08/15-Produkt über, sondern gehen gezielt auf Sie ein,
- versprechen keine »Wunder in Sekunden«,
- kommen von einem qualifizierten Trainer, der seine Ausbildung und Referenzen nachweisen kann,
- sind weltanschaulich neutral oder decken zumindest ihre Philosophie klar auf.

Karriere-Coaching ist sinnvoll, wenn Sie

- konkret vor einer beruflichen Veränderung stehen,
- spezielles Training für Bewerbungen suchen,
- in Gehaltsverhandlungen mehr durchsetzen wollen,
- Hilfe beim Aufstieg oder der Weiterentwicklung im Unternehmen benötigen,
- Opfer von Entlassung oder Outplacement werden oder sind.

Gute Angebote

- simulieren Bewerbungs- und Gehaltsgespräche,
- üben mit Videokamera und/oder Spiegel,
- kommen von Trainern, die selbst einmal angestellt waren und die Herausforderungen kennen,
- lassen Sie zu Ihrem eigenen Ergebnis kommen und verkaufen keine Standard-Lösungen,
- kommen nicht von Zeitarbeitsfirmen.

Beratung für Selbstorganisation und Zeitmanagement ist sinnvoll, wenn Sie

- immer gehetzt sind oder sich gehetzt fühlen,
- Termine verpassen oder vergessen,
- mehr Zeit für Privates in Ihrem Leben finden wollen,
- lernen wollen, Prioritäten zu setzen,
- das Gefühl haben, immer etwas zu verpassen oder sich zerreißen zu müssen.

Gute Angebote

- sind nicht nur aufs Funktionieren im Beruf ausgelegt, sondern empfehlen eine Balance von Job, Beziehungen und Zeit für sich selbst,
- meiden die Philosophie »mehr, schneller, besser«,
- sehen Sie nicht nur als funktionierendes Rädchen,
- vermitteln Selbstorganisation und Zeitmanagement am konkreten Beispiel Ihres Alltags.

Finanzberatung ist sinnvoll, wenn Sie

- endlich systematisch ein Vermögen aufbauen wollen,
- schon Geldanlage betreiben, aber eher chaotisch,
- prüfen wollen, ob Sie und Ihre Familie ausreichend abgesichert sind,
- eine Erbschaft gemacht haben,
- sich selbstständig machen wollen.

Gute Angebote

- sind unabhängig und können Ihnen die für Sie besten Produkte verkaufen,
- schwätzen Ihnen nichts auf, was Sie nicht brauchen,
- kommen von einem seriösen, am Markt bekannten Anbieter,
- versprechen keine Traumrenditen,
- empfehlen Ihnen nichts Illegales,
- sind keine Haustürgeschäfte oder Schneeballsysteme.

Kurse für das äußere Erscheinungsbild

Training für Rhetorik, Gesprächsführung, Präsentationstechnik ist sinnvoll, wenn Sie

- gute Argumente nicht überzeugend ausdrücken können beziehungsweise wenn Sie Ihr Ausdrucksvermögen verbessern möchten,
- schon beim Gedanken an öffentliche Auftritte zittern,
- in Diskussionen oder Fragerunden meist schweigen,
- bei Präsentationen Ihr Publikum nicht fesseln können,
- Gespräche besser lenken und moderieren wollen.

Gute Angebote

- trainieren Ihnen keine unechte Rolle an,
- geben ausreichend Zeit für Praxisübungen,
- würdigen Ihren Typ und Ihr Temperament,

- üben immer mit Videokamera,
- verweisen auf psychologische Therapie, wenn Probleme tiefere Ursachen haben.

Nachhilfe im Small Talk und im Netzwerkknüpfen ist sinnvoll, wenn Sie
- sich isoliert fühlen,
- für Ihren beruflichen Erfolg mehr Kontakte brauchen,
- in einer neuen Stadt oder einem neuen Job angefangen haben,
- bei Partys oder Empfängen oftmals wenig zu sagen wissen,
- Interesse an vielen neuen Bekanntschaften haben.

Gute Angebote
- beinhalten viele Praxis-Übungen,
- erarbeiten mit Ihnen individuell Ihre Netzwerkmöglichkeiten,
- lassen Sie »im echten Leben« üben, zum Beispiel auf einer Party,
- führen Sie in entsprechende Kreise einer Stadt oder Berufsbranche ein,
- sind keine Partnervermittlungen, Sekten oder Sex-Clubs.

Farb- und Stilberatung ist sinnvoll, wenn Sie
- mit Ihrem Äußeren unzufrieden sind,
- mit Kleidung, Frisur etc. Ihren echten Typ besser zur Geltung bringen möchten,
- bereit zu echten äußeren Veränderungen sind,
- die Investition in neue Garderobe nicht scheuen,
- vor einem neuen Lebensabschnitt stehen und sich einen neuen »Look« zulegen wollen.

Gute Angebote
- akzeptieren das, was die Natur Ihnen mitgegeben hat,
- verbessern Ihren bestehenden Typ und stülpen Ihnen keine Maske über,
- bieten Gelegenheit zum Probieren (zum Beispiel Mode),

- bieten als Zusatzangebot die Einkaufsberatung,
- sehen in »Typ« und »Stil« mehr als nur äußere Attribute, nämlich die Harmonie von Innen und Außen.

Training für Körperhaltung und -sprache ist sinnvoll, wenn Sie
- Ihren Körper als wenig präsent und raumgreifend empfinden,
- den Körper durch den Einsatz von Armen und Händen sowie Gesichtsmimik für die Kommunikation nutzen wollen,
- die Gesetze der Körpersprache verstehen möchten,
- körperliche Haltungsbeschwerden haben (Rundrücken, Hohlkreuz, Verspannungen),
- durch ein starkes Körpergefühl auch innere Stärke gewinnen möchten.

Gute Angebote
- integrieren medizinische, psychologische und künstlerische Aspekte,
- geben Ihnen genug Raum für eigene Körperübungen,
- arbeiten mit Spiegel und/oder Videokamera,
- lehren natürliche Körperbewegungen, die nicht künstlich oder übertrieben wirken,
- verweisen bei entsprechenden Anzeichen an Mediziner oder Psychologen.

Kurse im Schreiben und Formulieren sind sinnvoll, wenn Sie
- Schreibhemmungen oder -schwächen haben,
- Ihre Argumente nicht in Worte fassen können,
- Rechtschreib- oder Wortschatzschwächen haben,
- durch einen eigenen Schreibstil Ihre Corporate Identity unterstützen wollen,
- sich von dieser Fähigkeit bessere Karrierechancen erwarten.

Gute Angebote
- werden von Journalisten und/oder Autoren gegeben,

- bieten Ihnen viel Zeit fürs Üben,
- haben Trainer, die Ihre Texte intensiv korrigieren,
- lassen Ihrer persönlichen Sprache Raum und zwingen kein Stildiktat auf,
- bieten auf Wunsch Spezialtrainings in Stilwelten (zum Beispiel Verkaufssprache).

Körper und Geist

Gesundheitsberatung ist sinnvoll, wenn Sie
- übergewichtig sind,
- sich jahrelang ungesund ernährt haben,
- Risikofaktoren wie Rauchen, Medikamente, hormonelle Empfängnisverhütung aufweisen,
- lernen wollen, sich durch Sport fit und leistungsfähig zu erhalten,
- einen ersten Warnschuss Ihres Körpers in Form einer Krankheit bekommen haben.

Gute Angebote
- empfehlen keine Crash-Diäten, sondern dauerhafte Ernährungsumstellung,
- bauen auf der Lehre von gesunder, hochwertiger Mischkost auf,
- bieten Ernährungsmodelle, die auch im Alltag, auf Dienstreisen und in stressigen Zeiten praktikabel sind,
- führen Sie an eine Sportart heran, die zu Ihrem Typ, Temperament, Geldbeutel und Ihren Alltagsabläufen passt,
- setzen Sie sportlich nicht auch noch unter Leistungsdruck, sondern fördern dauerhafte, genussvolle Betätigung.

Kurse in Enspannungs- und Stressmanagement sind sinnvoll, wenn Sie
- nicht abschalten und genießen können,

- nervöse Beschwerden und/oder Verspannungen haben,
- schlecht ein- und/oder durchschlafen,
- hohen Blutdruck haben.

Gute Angebote
- kommen von einem Trainer, der ausreichend medizinische und psychologische Kenntnisse hat,
- zeigen Übungen, die Sie gut in Ihren Alltag einbauen können,
- lehren nicht nur Methoden, sondern sensibilisieren für die kritische Überprüfung Ihres generellen Lebensstils,
- sind weltanschaulich neutral oder decken zumindest ihre Philosophie klar auf.

Psychologische Therapie ist sinnvoll, wenn Sie
- anhaltende Angstzustände oder Neurosen haben,
- unter schweren Mobbing-Folgen leiden,
- frühkindliche Programmierungen auflösen wollen (zum Beispiel »Das kannst du nicht.«),
- anhaltende Symptome wie Schlafstörungen, Nägelkauen, Zähneknirschen, nervöse Zuckungen, Herzrasen haben,
- Opfer von Extrembelastungen sind, zum Beispiel Missbrauch, häusliche Gewalt, Scheidung, schwere Krankheiten.

Gute Angebote
- kommen von einem ausreichend ausgebildeten beziehungsweise erfahrenen Therapeuten,
- finden in Einzelsitzungen oder Kleinstgruppen statt,
- versprechen keine Wunder, sondern brauchen ihre Zeit,
- sind mehr als plumpe Motivations- oder »Denk positiv«-Trainings,
- sind weltanschaulich neutral oder decken zumindest ihre Philosophie klar auf.

⌘ Die Ich AG vernetzt

Wie arbeiten die Berater mit den Kollegen der Ich AG zusammen?

- Berater können zum Erfolg von fast allen Ressorts- und Arbeitsbereichen der Ich AG beitragen – sei es persönliche Strategieplanung, das Aufbessern der Finanzen, Fortbildung oder Gesundheitstraining.

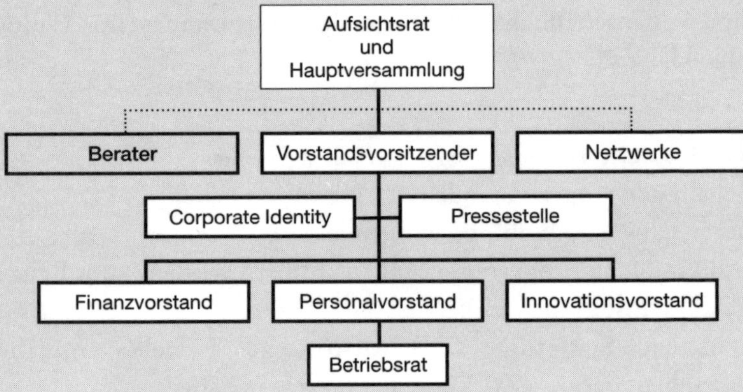

11

Ein persönliches Nachwort: Bringen Sie die Ich AG zum Fliegen

»Liebe ist die tätige Sorge für das Leben und das Wachstum dessen, was wir lieben; ... die Bejahung des eigenen Lebens, des eigenen Glücks und Wachstums und der eigenen Freiheit.«

Erich Fromm, Die Kunst des Liebens
(© Ullstein Verlag, Ullstein Heyne List GmbH & Co. KG München)

Ich hoffe, Ihnen hat die »Werksführung« durch die Ich AG Freude bereitet und Motivation gebracht, um Ihr Unternehmen in eigener Sache zu bauen. Vielleicht heißt es »Cornelia Müller AG«, »Peter Kramer AG« oder trägt einen anderen Namen – eben Ihren. Ich selbst befinde mich auch noch in diesem Prozess: Einige Ressorts der »Nicolette Strauss AG« sind schon sehr gut installiert und funktionieren. Bei anderen habe ich noch einiges vor und bin gespannt, wohin der Weg mich führen wird. Da wir also jetzt in gewisser Weise »Manager-Kollegen« sind, interessieren mich Ihre Erfahrungen und Anregungen in puncto Ich AG natürlich sehr. Ich freue mich über jede Zuschrift an die E-Mail-Adresse:

kontakt@die-ich.ag

Zwei Ziele hatte ich beim Schreiben dieses Buches: Ich wollte die Ich AG rehabilitieren, denn weder die verkürzte Darstellung durch die Hartz-Kommission (Arbeitslose gründen mit staatlicher Hilfe ein eigenes Unternehmen) noch die Unwort-des-Jahres-Kritik treffen den wahren Kern dieses zukunftweisenden Konzepts. Und ich wollte Ihnen Lust darauf machen, Ihre Lebensgestaltung aktiv und optimistisch in die eigene Hand zu nehmen. Wir brauchen viele solcher verantwortungsbewussten Menschen, denn unsere Gesellschaft steht vor einem der tiefgreifendsten Umbrüche der Geschichte.

Mein Konzept der Ich AG soll Ihnen dabei helfen, in diesen unruhigen Zeiten ein paar Leuchttürme zu setzen. Und der höchste davon – sozusagen der Fixpunkt Ihrer persönlichen Lebensnavigation – das ist Ihr Vorstandsvorsitzender. Als Chef der Ich AG ist er zuständig für Ihre Werte (»was ist mir wichtig im Leben, wofür lohnt es sich zu kämpfen?«), Ziele (»was will ich erreichen?«) und Aktivitäten (»was ist in dieser Situation das Richtige?«). Er ist Ihre innere Instanz, Ihre Mitte, Ihre Liebe zu sich selbst und dem Leben. Wenn Sie die gefunden haben, dann ergibt sich alles andere von selbst – das heißt die restlichen Ressorts der Ich AG können erfolgreich ihre Arbeit erledigen.

Die Ich AG ist alles andere als eine Anleitung zum Egoismus oder ein Angriff auf Mitmenschlichkeit und Gemeinsinn. Das Gegenteil ist richtig, wie schon 1956 bei Erich Fromm zu lesen war. In seinem Hauptwerk »Die Kunst des Liebens« steht, dass ich nur dann »Achtung [und das bedeutet auch Frieden, Hilfsbereitschaft, Teamfähigkeit, Ehrlichkeit und Fairness in Beruf und Privatleben, d. Verf.] vor einem anderen haben kann, wenn ich selbst zur Unabhängigkeit [verstanden als Selbstliebe, Würde, persönliche Verantwortung, Werte und Ziele, d. Verf.] gelangt bin … und es daher nicht nötig habe, einen anderen auszubeuten«.

In diesem Sinne wünsche ich unserer Welt viele Ich AGs und Ihnen ein glückliches, erfülltes und in Ihrem Sinne definiertes erfolgreiches Leben.

Dr. Nicolette Strauss

Literatur

Asgodom, Sabine: *Eigenlob stimmt. Erfolg durch Selbst-PR*, München, 2. Aufl. 2003

Asgodom, Sabine: *Erfolg ist sexy! Die weibliche Form für mehr Lust im Beruf*, München 2001

Blomberg, Anne von: *Der Höflichkeitsfaktor. Etikette heute: von der Liebe bis zum Geld*, Reinbek 2002

Bracht, Petra; Liebscher-Bracht, Roland und Roth, Brigitte: *BioTuning. Leichter leben*, Ostheim 2001

Buholzer Meier, Sonja A.: *Frauenzeit. Erfolgsstrategien für Gewinnerinnen*, Zürich, 4. Aufl. 2000

Covey, Stephen R.; Merill, A. Roger und Merill, Rebecca R.: *Der Weg zum Wesentlichen. Zeitmanagement der vierten Generation*, Frankfurt/New York, 5. Aufl. 2003

Fischer, Ferry: *Durchbrechen Sie den Leistungszwang. Gezieltes Energie-, Stress- und Schlafmanagement nach der Inpowerlance-Formel*, Landsberg 2002

Fromm, Erich: *Die Kunst des Liebens*, München 2001

Glaubitz, Uta: *Der Job, der zu mir passt. Das eigene Berufsziel entdecken und erreichen*, Frankfurt/New York, 4. Aufl. 2003

Goleman, Daniel: *EQ²*. Der Erfolgsquotient, München 2000

Härter, Gitte und Öttl, Christine: *Ich-Marketing. Selbstbewusst zu mehr Erfolg. So rücken Sie Ihre Leistungen ins rechte Licht*, München 2002

Hausladen, Anni und Laufenberg, Gerda: *Die Kunst des Klüngelns. Erfolgsstrategien für Frauen*, Reinbek 2000

Jungblut, Michael (Hrsg.): *ZDF*-WISO Vermögensberater, Frankfurt/Wien, 2. Aufl. 2001

Kellner, Hedwig: *Karrieresprung durch Selbstcoaching. Fragen, die Sie sich stellen sollten, wenn Sie vorankommen wollen*, Frankfurt/Main 2001

Klein, Stefan: *Die Glücksformel oder wie die guten Gefühle entstehen*, Reinbek, 11. Aufl. 2002

Kirschner, Josef: *Die Egoisten-Bibel. Zuerst ich, dann die anderen, Anleitung fürs Leben*, München, 4. Aufl. 1999

– *Das Egoisten-Training. Glaube keinem, nur dir selbst*, München, 2. Aufl. 2003

Lanthaler, Werner und Zugmann, Johanna: *Die ICH*-Aktie. Mit neuem Karrieredenken auf Erfolgskurs, Frankfurt/Main 2000

Lundin, Stephen C.; Christensen, John und Paul, Harry: *Fish! Ein ungewöhnliches Motivationsbuch*, Wien/Frankfurt 2001

Mackay, Harvey: *Networking. Das Buch über die Kunst, Beziehungen aufzubauen und zu nutzen*, Düsseldorf 1997

Malik, Fredmund: *Führen, Leisten, Leben. Wirksames Management für eine neue Zeit*, München, 14. Aufl 2002

Maurer, Claudia: *Miss MoneyMaker. Wie Sie mit Gefühl und Verstand ein Vermögen machen*, Reinbek 2002

Müller-Mees, Elke: *Selbstverständlich selbstbewusst. So behaupten Sie sich im Alltag*, Landsberg 1998

Northrup, Christiane: *Frauenkörper, Frauenweisheit. Wie Frauen ihre ursprüngliche Fähigkeit zur Selbstheilung wiederentdecken können*, München 2001

Röhr, Heinz-Peter: *Vom Glück, sich selbst zu lieben. Wege aus der Selbstentfremdung*, Zürich/München 2001

Rosenberg, Marshall B.: *Gewaltfreie Kommunikation. Aufrichtig und einfühlsam miteinander sprechen. Neue Wege in der Mediation und im Umgang mit Konflikten*, Paderborn 2001

Salmansohn, Karen: *Erfolgreich ohne Penis*, Wien 1996

Topf, Cornelia: *Körpersprache und Berufserfolg. Bewerbungsgespräche, Umgang mit Kollegen, Chefs und Mitarbeitern, Meetings, freie Reden und Präsentation, Kundenkontakte*, Niedernhausen 1999

Wardetzki, Bärbel: *Weiblicher Narzissmus. Der Hunger nach Anerkennung*, München, 14. Aufl. 2002

Winter, Gayan S.: *Die Heilung der inneren Frau. Sieben Schritte zur Selbstbefreiung des Weiblichen*, München 1998

Zellweger, Hansruedi: *Lifeguide. Der exclusive Reiseführer zu einem erfüllten Leben. Veränderungen planen, Umorientierung anpacken, den Neuanfang wagen,* Landsberg/München 2002

Zdral, Wolfgang: *Arbeit, Auszeit, Ausstieg. Individuelle Vermögensstrategien für ein neues Leben,* München 2002

Register